Outcome Based Education, OBE
·具有变革未来教育的潜力·
高校人才培养改革的重要指引方向

基于OBE理念的高校专业人才培养研究

陈亮亮 安家辰 杨馥宁 ◎ 著

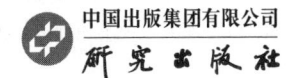

中国出版集团有限公司
研究出版社

图书在版编目（CIP）数据

基于OBE理念的高校专业人才培养研究 / 陈亮亮, 安家辰, 杨馥宁著. — 北京：研究出版社, 2025.1.
ISBN 978-7-5199-1763-0

Ⅰ.G649.2

中国国家版本馆CIP数据核字第2024JE6472号

出 品 人：陈建军
出版统筹：丁　波
责任编辑：范存刚

基于OBE理念的高校专业人才培养研究
JIYU OBE LINIAN DE GAOXIAO ZHUANYE RENCAI PEIYANG YANJIU

陈亮亮　安家辰　杨馥宁　著

研究出版社 出版发行

（100006　北京市东城区灯市口大街100号华腾商务楼）
北京新华印刷有限公司印刷　新华书店经销
2025年1月第1版　2025年1月第1次印刷
开本：710毫米×1000毫米　1/16　印张：14.25
字数：233千字
ISBN 978-7-5199-1763-0　定价：68.00元
电话（010）64217619　64217652（发行部）

版权所有·侵权必究
凡购买本社图书，如有印制质量问题，我社负责调换。

本书受北京印刷学院校级重点教学改革项目资助

前　言

随着全球化、信息化、智能化的浪潮席卷而来，知识更新的速度愈发迅猛，社会对人才的需求也在发生深刻而快速的变革。传统的以知识传授为核心的教育模式已逐渐暴露出与社会发展需求的脱节。在这样的背景下，基于成果导向教育（Outcome Based Education，OBE）理念逐渐成为高校人才培养改革的重要指引方向。

OBE 理念起源于 20 世纪 20 年代的美国，它最初在工程教育领域落地生根，随后逐渐拓展至其他学科领域，展现出强大的生命力和广阔的应用前景。其核心理念是"以学生为中心，以成果为导向"，强调人才培养过程的系统性和目标性，注重培养学生的能力和促进他们的职业发展。这一理念不仅是对传统教育理念的革新，更是对人才培养目标的重新定位。

OBE 理念的提出，为高校人才培养改革注入了新的活力。加强对基于 OBE 理念的高校专业人才培养方式的研究，对于提升人才培养质量、增强高校的核心竞争力具有深远的意义。它有助于高校明确人才培养目标，优化专业设置，构建更为科学、系统的人才培养体系；有助于高校加强课程体系建设，使课程内容更加贴近实际、更具针对性，从而提升教学质量和效果；有助于高校改革教学方法，激发学生的学习热情和主动性，培养他们的创新能力和实践能力；同时，也有助于高校建立健全人才培养质量评价体系，对人才培养过程进行精准监控和有效评估，确保人才培养质量得到持续提升。

随着我国"十四五"规划的实施和经济的快速发展，人才培养越来越受到社会的重视。OBE 理念具有变革未来教育的潜力。本书旨在探讨 OBE 理念在高校教育中的应用，帮助教育工作者、管理人员和课程开发人员理解并有效采用 OBE 理念，进一步提高学生的学习能力，帮助他们顺利进入社会。

本书深入探讨了 OBE 理念的四个关键支柱，即明确的关注焦点、自上而下的设计思路、高期望的标准和丰富的扩展机会，它们构成了高校成功实施 OBE 理念的基础。这些支柱作为课程设计、教学策略和评估实践的指导原则，可以确保我国高校的人才培养是有目的、有意义和有影响力的。

本书各章节详细探讨了每个支柱，并提供理论框架、实际示例和鲜活的案例，研究说明它们在现实教育环境中的应用，分别是基于成果导向教育（OBE）概述、高校人才培养系统、高校人才培养目标、高校专业培养成果、课程成果、教学方法、实施有效的 OBE 评估、OBE 评估与测算。

本书参考了国内外有关基于成果导向教育理念、高校人才培养等相关的论文和著作，在此特别说明并表示衷心的感谢。

同时，本书的完成也得益于众多专家学者的热心帮助与宝贵指导，尤其是在调研的过程中众多高校相关教师的帮助，在此一并向他们表示衷心的感谢。

由于作者水平有限，书中难免存在疏漏和不足之处，敬请广大读者和有关专家学者批评指正。

目 录

前　言 1

第一章　基于成果导向教育（OBE）概述 1
第二章　高校人才培养系统 15
第三章　高校人才培养目标 36
第四章　高校专业培养成果 47
第五章　课程成果 55
第六章　教学方法 90
第七章　实施有效的 OBE 评估 137
第八章　OBE 评估与测算 152

参考文献 177
附　录 190

第一章

基于成果导向教育（OBE）概述

基于成果导向教育（Outcome Based Education，简称 OBE）是一种创新的教学和学习方法，其核心理念在于高度重视并精确衡量学生的学习成果。通过使用 OBE 模式，教育工作者能够清晰地掌握在课程或项目结束时学生应具备的知识、技能和能力，进而有针对性地设计与之相契合的学习活动、评估标准以及教学策略。这种转变不仅将教学重点从单一的知识传授转移到对学生实际技能的培养上，同时也将评估的重心从单纯的知识掌握情况转移到如何运用所学知识上。

OBE 理念坚信学生的学习成果应成为课程设计、教学实施和效果评估的核心驱动力。这就要求教育工作者首先明确期望学生达到的具体学习成果，然后据此设计和实施相应的教学活动和评估方式。这种以学习成果为导向的教育模式，有助于学生为未来的职业生涯做好充分准备。

随着社会需求的不断变化和经济的快速发展，OBE 理念在高等教育领域的应用越来越广泛，并逐渐深入教学实践的各个环节中。通过关注学生的学习成果，OBE 理念有助于确保毕业生具备在职场竞争中所需的关键知识、技能和素质。

综合国内外学者的研究成果，我们可以从以下五个方面来深入理解和实施 OBE：

一、明确学习成果：OBE 的起点是为学生设定清晰、具体且可衡量的学习成果。这些成果应明确描述学生在完成课程或项目后应掌握的知识体系以及所达到的技能水平和综合能力。

二、对齐教学与评估：在设定了学习成果后，教育工作者需要设计与之相匹配的教学策略、学习活动和评估标准。这可以确保教学内容、学习过程和评估方式都与既定的学习成果保持高度一致。

三、持续评估与反馈：在整个课程或项目进行过程中，教育工作者应定期评估学生在每个学习成果方面的进展情况，并及时给予反馈和指导。这有助于学生了解自己的学习状态，及时调整学习策略和方法。

四、利用评估结果改进教学：评估结果不仅用于衡量学生的学习成效，还可作为改进教学工作的重要依据。通过分析学生在每个学习成果上的表现，教育工作者可以发现教学中存在的问题和不足，进而有针对性地调整教学策略或改进评估方式。

五、全面评估课程效果：教育工作者需要对整个课程或项目的效果进行全面评估，以判断其是否实现了既定的学习成果。这种评估不仅关注学生的学习成绩，还注重评估学生在实践中的应用能力和创新思维的发展情况。评估结果可以为课程的持续改进和优化提供有力支持。

一、我国教育体系概述

我国历史悠久，从古代到近现代，教育体系进行了多次变革。

（一）我国传统的教育体系

我国传统教育体系的形成和发展经历了漫长的历史过程，大致可以分为以下四个阶段：

先秦时期：这是我国教育的萌芽阶段，形成了"学在官府"的教育制度。这一时期，教育对象主要集中在贵族阶层，平民百姓鲜有机会接受教育。

汉代至宋代：这一时期，我国教育制度逐渐完善，科举制逐渐形成。汉代建立了太学、郡学、县学等官学系统，并开始推行察举制选拔人才。魏晋南北朝时期，佛教大举传入中国，对我国教育内容和形式产生了影响。唐代科举制发展完善，成为选拔官吏的主要途径。宋代开始大规模创办书院，为民间教育的发展提供了新的场所。

元代至清代：这一时期科举制发展到鼎盛。元代将八股文作为科举考试的唯一文体，对教育内容产生了重大影响。明清两代，科举制进一步发展，考试内容更加烦琐，对学生的束缚也更加严苛。

近代：这一时期，中国传统教育体系受到西方教育的影响，开始逐渐改革。鸦片战争之后，西方教育思想传入中国，一些有识之士开始创办新式学堂，推动教育改革。

我国传统教育的内容主要包括以下三个方面：

经史子集：经史子集是传统教育的核心内容，其中"经"是指儒家经典著作，如四书五经等；"史"是指历史典籍，如《史记》《汉书》等；"子"是指诸子百家著作，如《论语》《孟子》等；"集"是指文学作品，如《文选》《楚辞》等。

四书五经：四书五经是儒家经典的代表，是传统教育的重要内容。四书是指《论语》《大学》《中庸》《孟子》，五经是指《诗经》《尚书》《礼记》《易经》《春秋》。

道德教育：中国传统教育非常重视道德教育，强调"德育为先"，将仁、义、礼、智、信等道德规范作为教育的重要内容。

我国传统教育的形式主要包括以下三种：

讲授：讲授是传统教育的主要形式，即教师讲解学习的内容。

诵读：诵读是传统教育的重要形式，即学生通过诵读来记忆和理解知识。

练习：练习是传统教育的重要形式，即学生通过练习来巩固和应用知识。

我国传统教育体系具有以下四个特点：

政教合一：中国传统的教育体系具有鲜明的政教合一特点。早在西周时期，我国就建立了"学在官府"的教育制度。历代统治者都十分重视教育，将其作为巩固统治、维护社会秩序的重要手段。

重视道德教育：中国传统的教育体系非常重视道德教育。儒家思想是传统教育的核心内容，强调"德育为先"，将仁、义、礼、智、信等道德规范作为教育的重要内容。

尊师重教：中国传统的教育体系非常重视对教师的尊重和尊崇。教师被视为传道、授业、解惑的"经师"和"人师"，享有崇高的社会地位。强调学生对教师要尊敬、孝顺，要做到"一日为师，终身为父"。

重视考试选拔：中国传统的教育体系非常重视考试选拔。早在隋唐时期，我国就确定了"科举制"，通过考试选拔人才。科举制一直延续到清末，成为中国传统教育体系的重要特征。

中国传统教育体系对中华文明的传承和发展作出了巨大贡献。

（二）我国当代教育体系改革

20世纪90年代后的中国教育体系改革，是在邓小平同志"教育要面向现代化、面向世界、面向未来"的指示精神下，以"发展教育、振兴中华"为目标，着力解决教育与经济社会发展不相适应的问题而进行的一场深层次改革。

改革开放后中国教育体系改革的重要事件：

1986年，《中华人民共和国义务教育法》颁布。

1993年，《中国教育改革和发展纲要》颁布。

1999年，全国高等学校招生人数突破160万。

2001年，中国基本实现普及九年义务教育的目标。

2012年，中国高等教育毛入学率达到30%。

2020年，中国教育部印发《关于全面深化新时代教育改革的意见》。

中国教育改革的主要内容包括：

普及九年义务教育：1986年，我国颁布了《中华人民共和国义务教育法》，规定适龄儿童、少年必须接受九年义务教育。经过十多年的努力，到2000年，中国基本实现了普及九年义务教育的目标。

发展高等教育：20世纪90年代以来，中国高等教育规模迅速扩张，高校招生人数从1990年的56.6万人增加到2023年的450万人，高等教育毛入学率从3%提高到41.63%。[①]

改革教育体制：中国对教育体制进行了多项改革，包括简政放权、扩大学校自主权、建立现代学校制度等。

[①] 中华人民共和国教育部：http://www.moe.gov.cn/

加强师资队伍建设：中国大力加强师资队伍建设，提高教师待遇，改善教师工作条件，努力建设一支高素质的教师队伍。

中国教育改革取得了诸多成效：

20世纪90年代以来，中国教育普及水平大幅提高，九年义务教育巩固率和高等教育毛入学率均位居世界前列。中国的教育质量明显提升，学生综合素质得到全面提高。中国教育体制更加完善，教育管理更加科学、规范。中国师资队伍建设取得显著成效，教师队伍整体素质明显提高。

同时，中国教育改革也面临着挑战：

教育资源不均衡：中国教育资源分布不均衡问题依然突出，城乡之间、区域之间差距较大。

教育质量有待提高：中国教育的质量与世界先进水平相比还存在一定差距，教育改革任务仍然艰巨。

教育体制改革仍需深化：中国教育体制改革需要进一步深化，以适应经济社会发展的需要。

20世纪90年代后的中国教育体系改革，取得了显著成效，但仍面临着一些挑战。未来，中国将继续深化教育改革，不断提高教育质量，为实现中华民族伟大复兴的中国梦提供人才支撑。

（三）OBE与我国教育体系

我国各类学校数量庞大，在校生人数众多。截至2023年底，我国共有各级各类学校49.83万所，各级各类学历教育在校生2.91亿人，专任教师1891.78万人。全国共有高等学校3074所。其中，普通本科学校1242所（含独立学院164所），比上年增加3所；本科层次职业学校33所，比上年增加1所；高职（专科）学校1547所，比上年增加58所；成人高等学校252所，比上年减少1所。另有培养研究生的科研机构233所。各种形式的高等教育在学总规模4763.19万人，高等教育毛入学率为60.2%。近年来，我国教育事业发展迅速，教育普及水平不断提高。高等教育毛入学率持续提高，高等教育大众化趋势明显。我国将继续加大教育投入，不断提高教育质量，推动教育事业发展。

总的来说，我国的教育体系，庞大而多元，承载着数千万学子的求学梦想。然而，在这幅教育蓝图中，机会不均与教育质量参差不齐的问题仍然突出，特别是在农村和贫困地区，教育面临的挑战尤为严峻。为了应对这些挑战，我国政府近年来推出了系列教育改革措施，力求提升整体教育质量，促进教育公平。

我国传统教育的主要挑战之一是强调死记硬背和记忆信息，这并不一定能培养学生的批判性思维或提高其解决问题的能力。当前的传统教育体系以教师为中心，很少强调学生积极参与学习过程。这可能导致学生丧失学习兴趣。传统教育缺乏灵活性，课程固定，几乎没有创新，不能适应不断变化的需求。传统教育体系历来侧重于学术教育，很少强调职业教育和培训，这对一些学生的就业造成了阻碍。

要解决这些问题需要我们从根本上转变教育方法，更加注重以学生为中心和以结果为导向，以培养学生的批判性思维、解决问题的能力和终身学习的能力。从我国政府近年来推出的多项改革可以发现，我国的教育改革旨在推行一种更加全面和灵活的教育方法，培养更多适应国家发展需求的人才。

OBE 在教育体系改革过程中扮演着重要的角色，同时也是适应新时代教育发展的有效方法，它不仅为教育体系改革提供了有力的理论支撑，更是推动传统教育向现代化转型的关键力量。

OBE 的核心在于注重明确的学习成果，并将教学和评估方法与这些成果保持一致。这有助于将当前教育的重点从死记硬背转移到培养学生批判性思维、解决问题的能力上。

OBE 可以从以下角度对传统教育体系进行转变：

以学生为中心：OBE 是一种以学生为中心的教育方法，鼓励学生积极参与学习过程。这有助于提高学生的学习积极性，并有助于解决学生缺乏兴趣和参与度不高的问题，也有助于培养学生的主人翁意识和责任感。

灵活性：OBE 是一种灵活的教育方法，能够适应不断变化的环境。这有助于解决我国传统教育体系缺乏灵活性的问题，并有助于建立更具活力和灵活性的教育体系。

与行业需求保持一致：OBE 非常重视培养与行业需求和就业相关的技能。这有助于解决我国传统教育体系中职业教育有限的问题，并有助于为学生做好就业准备。

OBE作为一种以学生为中心、以成果为导向且灵活多变的教育方法，与现实世界的需求紧密相连。OBE强调批判性思维、解决问题的能力等关键技能的培养，为我国教育体系的转型提供了有力的支持，能够帮助学生更好地应对快速变化且日益复杂的国内国际环境。

同时，OBE作为一种有效的教学方法，其有效性主要体现在以下三个方面。

明确学习成果：OBE强调设定明确且可衡量的学习成果，这些成果与学生、社会和经济发展的需求保持一致。明确学习成果有助于将教学和学习重点放在重要且相关的内容上，并且有助于确保学生学到有用的知识和技能。

注重技能的培养：OBE非常重视学生技能的发展，如批判性思维、解决问题的能力、沟通和协作能力等，这些能力对于学生在未来取得成功至关重要。这种对能力的关注，有助于确保学生为迎接未来的挑战做足准备。

评估和教学的融合：OBE强调评估和教学的融合，评估用于在整个人才培养过程中为教学和学习提供反馈信息。这有助于确保学生持续收到反馈并不断改进，并有助于促进教学工作的持续改进。

因此，可以说OBE是一种帮助高校培养人才并帮助人才成功进入社会的有效方法。它不仅使学生能够明确学业的重点，确保学生为迎接未来的挑战做好准备，还能够让教师在教学过程中更加关注学生的需求和发展潜力，从而实现教学相长。通过实施OBE，我们可以培养出更多更好适应社会发展需要的高素质人才，为我国的教育事业和社会发展作出更大的贡献。

二、OBE的思想内涵

在上文关于OBE与我国教育体系的探讨中，我们已经初步了解了OBE的概貌。现在，让我们进一步剖析OBE的深刻内涵。OBE，作为一种前沿的教育方法，其核心在于精准界定学习的预期成果，并围绕这些成果设计教学活动，确保教育目标的达成。它强调将焦点从传统的教师"教学"转移到学生的"学习"上，凸显学生成绩和能力的重要性。

OBE 的精髓在于其四项主导思想，它们为教育机构有效实施 OBE 理念提供了坚实的框架。这四项主导思想包括明确的关注焦点、自上而下的设计思路、高期望的标准以及丰富的扩展机会。这些思想不仅是 OBE 理念的核心基石，更是指引教育工作者有效践行这一教育方法的明灯。

这四项主导思想每一部分内涵都对 OBE 理念提供了独特的支撑，它们相互关联、相互补充，共同作用于提升学生的成绩和能力这一核心目标。为了更直观地展现这些思想如何推动 OBE 取得积极成果，我们将结合现实的教学案例进行深入剖析。通过这些案例，我们将看到 OBE 理念如何在教学实践中焕发活力，为培养新时代所需的高素质人才提供有力支持。

（一）明确的关注焦点

目标清晰是 OBE 理念的重要内容。只有当目标清晰、明确时，教师才能将全部精力聚焦于帮助学生掌握核心内容之上。这需要我们首先要设定具体而精准的学习成果或目标，它们如同指南针一般，指引着教学计划的制订和评估措施的实施。借助这些明确的重点，教师能够确保教学活动与预期的学习成果紧密契合，从而使学生获得必要的知识、技能。

在实际案例中，我们可以观察到目标清晰的显著作用。以高等数学课程为例，教师一般通过设定具体的学习成果来凸显重点，如解决复杂方程的能力、对几何原理的深入理解以及将数学概念应用于现实场景的能力等。随后，教师会根据这些学习成果精心设计课程、布置作业和进行评估，确保每一项教学活动都旨在达成学生的学习目标。这样，学生就能清晰地认识到自己需要达到的标准，从而更有针对性地进行学习和准备。

（二）自上而下的设计思路

OBE 理念强调通过明确的预期学习成果，自上而下地精心构建课程。在这个过程中，我们将期望的学习成果细致分解为若干个小巧且易于管理的单元，进而与特定的课程或教学模块精准匹配。这种方法可以确保课程的每一个细微部分都经过深思熟虑和精心设计，旨在促进学习成果的整体达成。

通过具体案例，我们可以更深入地理解这一设计理念。以医学护理课程为例，我们的设计目标首先聚焦于确定与患者护理、临床技能和道德实践紧密相关的预期学习成果。随后，我们将这些宏观成果细化为具体的能力要求，并将其融入各门课程中，如解剖学和生理学、药理学以及患者评估等。我们设计的每门课程都针对性地解决各自领域内的特定学习成果，从而构建出一个既连贯又相互支撑的课程体系。

通过这种自上而下的设计思路不仅确保了课程内容的完整性和一致性，还使得学生在学习过程中能够逐步积累所需的知识和技能，最终达成预期的学习成果。

（三）高期望的标准

高期望的标准是教师给学生设定的一种具有挑战性的绩效标准，旨在激发学生的卓越追求精神。通过设定高期望的标准，教师鼓励学生勇于突破自我，敢于冒险，并最大限度地挖掘自身潜力。这样的期望标准不仅营造了一种持续改进的学习氛围，更能激励学生在学术道路上不断取得卓越的成绩。

以欧美文学课为例，高期望的标准鼓励学生批判性地分析复杂的文学作品，并积极参与深入的讨论，撰写论文。通过设立高标准的要求，教师能够推动学生具备出色的分析和沟通能力，引导他们学会批判性地思考，并能够清晰、有效地表达个人观点。

（四）丰富的扩展机会

丰富的扩展机会，其核心在于教师为每位学生打造多元且包容的学习空间。我们必须认识到，每个学生都拥有独特的学习风格、能力和背景，因此，营造一个包容性强、彼此支持的学习环境，以满足他们的个性化需求，显得尤为关键。通过为学生提供丰富的扩展机会，教师不仅能为促进教育公平作出贡献，更能确保每位学生都能够找到适合自己的学习途径。

以视觉艺术课为例，我们可以清晰地看到丰富的扩展机会的实际效果。教师可以根据学生的兴趣和能力，提供多样化的艺术媒介和项目，以满足不同学生的需求。在这样的课堂环境中，教师致力于营造一个非常有包容性的氛围，使学生能够自如地表达创造力，挖掘并发展自身独特的艺术潜能。这样的教学方法，使得不同艺术水平的学生都能积极参与课程，并在学习过程中茁壮成长。

明确的关注焦点、自上而下的设计思路、高期望的标准以及丰富的扩展机会，共同构成了 OBE 的核心理念。在高校践行这些原则，能够为学生营造一个以学生为中心的学习环境，进而培养他们的目标意识、追求卓越的精神以及适应多元环境的能力。通过深入理解和应用这些原则，高校可以更有效地设计教学活动，助力学生实现学习成果，为他们未来的职业道路奠定坚实基础。

三、OBE 的核心原则和组成部分

OBE 的核心原则，实质上就是引领教学和学习实践的设计、实施与评估的基本思想、价值观和坚定信念。这些原则不仅深刻体现了 OBE 的根本目标与宗旨，更致力以学生为中心、以成果为导向的教育方法提供坚实的教学思想框架。它们如同明灯，照亮教育前行的道路，为教育方法的创新与发展指明方向。

（一）制定 OBE 的核心原则

我们必须精准把控 OBE 的核心原则，以确保实现 OBE 设计的预定目标。以下是具体的核心原则，它们共同构成了 OBE 的基石：

学习成果的清晰性：这一原则要求我们制定明确且可衡量的学习成果，这些成果需与学生、社会及经济发展的需求紧密相连。这种清晰性不仅有助于教学和学习聚焦于重要和相关的内容，更能确保学生掌握未来所需的关键技能。

以学生为中心的方法：此原则关注每个学生的独特需求和兴趣。以学生为中心的教学方法鼓励学生积极参与学习过程，从而激发他们的学习动力、主人翁意识和责任感。

注重技能培养：这一原则强调培养如批判性思维、解决问题的能力、沟通与协作的能力等核心技能。这些技能对于学生在日益多元化的社会中立足至关重要，旨在确保他们为迎接未来的挑战做好充分准备。

评估与教学的融合：此原则强调评估在教学和学习过程中的重要作用。评估不仅为教学和学习提供反馈，更有助于形成持续改进的文化氛围，确保学生不断进步。

持续改进：这一原则强调了对教学和学习实践进行持续评估和改进的必要性。通过收集和分析教学和学习实践的数据，我们能够及时调整教学课程、教学策略和评估方法，以满足学生和社会不断变化的需求。

综上所述，OBE 以学生为中心、以成果为导向，提供了一个全面的教育方法框架。它聚焦于培养学生在未来社会中所需的关键技能。通过确保学习成果的清晰性、采用以学生为中心的教学方法、注重技能培养、实现评估与教学的融合以及持续改进实践，OBE 为提升学生学习能力奠定了坚实基础。这些原则相互关联、相互促进，共同构筑了一个高效且富有成效的 OBE 框架。

（二）OBE 的组成部分

OBE 聚焦于构建清晰且可量化的学习成果，并着重培养技能，强调以学生为中心的理念，以及实现评估与教学的紧密结合。其核心要素包括学习成果的设定、课程设计的规划、教学和学习策略的制定、评估的实施以及持续改进的推进。

学习成果作为 OBE 的基石，具有明确性和可衡量性，旨在描述学生在完成特定课程或项目后所能获得的知识、技能。这些成果不仅需与学生的个人发展、社会需求和经济发展环境相契合，还需由教师、学生、企业及其他利益相关者共同研讨与制定。

课程设计是将教学和学习活动与学习成果紧密结合的关键环节。课程通过一系列连贯且有层次的学习体验来达成帮助学生实现预设的学习成果的目标。课程设计应具备足够的灵活性，使学生能够根据自己的兴趣和需求选择学习路径，同时需以研究为基础，确保教学内容的前沿性和实用性。

教学和学习策略的制定同样至关重要，旨在帮助学生有效地实现学习预期成果。这些策略以学生为中心，注重学生的积极参与、协作与问题解决能力的培养。同时，还需充分考虑到学生的个体差异和兴趣点，确保教学活动的针对性和有效性。

评估作为 OBE 的重要组成部分，与学习成果紧密相连。评估旨在衡量学生对预设学习成果的掌握情况，通过多样化的评估方法，如论文写作、项目完成情况、演示文稿和考试等，全面了解学生的学习进展。评估结果不仅用于指导教学和学习活动的调整，还为学生提供关于自身学习成果的反馈，帮助他们更好地规划未来的学习路径。

持续改进则是 OBE 得以不断完善和发展的关键所在。它要求对教学和学习实践不断进行反思和改进，以确保它们始终与学生、社会和经济发展的需求保持同步。通过收集和分析教学和学习实践的数据，我们可以发现存在的问题和不足，进而对课程、教学和学习策略以及评估实践进行有针对性地改进和优化。

这些组成部分在构建以学生为中心的教育体系中各自发挥着不可或缺的作用。它们相互关联、相互影响，共同构成了 OBE 的完整框架。学习成果为课程设计提供了方向，课程设计则为教学和学习策略的制定提供了基础。评估则贯穿于整个教育过程，为持续改进提供了依据。

四、OBE 的实施

OBE 已逐渐成为我国高校提升教学质量的重要方法。若要有效实施 OBE，高校可遵循以下五个关键步骤：

第一，设定明确且可量化的学习成果。这是实施 OBE 的核心起点，所设定的学习成果必须与学生个人发展、社会需求和经济发展紧密契合。这些成果应具体、可衡量，并与实际情境密切相关，设定合理的完成时限。同时，这一过程需要广泛吸纳教师、学生、企业以及其他利益相关者的意见，确保学习成果的全面性和实用性。

第二，确保课程设计和教学策略与学习成果高度一致。我们应精心策划课程，以有效实现预设的学习成果。制定教学策略同样重要，我们应充分考虑学生的个体差异和学习兴趣，确保教学策略的针对性和有效性。

第三，实施多样且真实的评估。评估不仅是衡量学生学习成果的重要手段，更是推动教学改进工作的关键环节。评估方法应多样化，以确保评估结果的全面性和真实性。

第四，数据收集与分析也是实施 OBE 不可或缺的一环。系统收集和分析学生学习成果及教学实践数据，可以为课程调整、教学策略优化和评估方法改进提供有力支持。

第五，为教职员工提供专业发展机会同样重要。学校应积极组织相关培训，帮助教职员工掌握 OBE 的实施技巧和方法，为 OBE 的顺利推进提供有力保障。

总之，实施 OBE 需要我们坚定以学生为中心、以成果为导向的教育理念，以及持续改进教学工作的决心。通过实施 OBE，高校可以确保其课程内容的实效性，提高其与社会需求的契合度，并能满足学生、社会和经济发展环境的需求。

五、持续与改进

OBE 中采纳了计划—执行—检查—行动（PDCA）这一循环作为持续改进过程的核心机制。PDCA 四个英文字母所代表的含义深刻且关键：

P（Plan）——计划，确立明确的目标和方针，制订详尽的活动计划；

D（Do）——执行，按照计划执行和推进各项活动；

C（Check）——检查，仔细审视执行计划后的结果，评估其效果，并识别存在的问题；

A（Act）——行动，基于检查结果，总结成功的经验并推广，同时吸取失败的教训，防止问题重现，将未解决的问题纳入下一个 PDCA 循环。

在 OBE 中，这一循环被巧妙地用作评估和改进教学及学习实践的系统方法。具体表现为：

计划阶段，教育工作者根据学生的实际需求和教育机构的发展目标，精心规划和定义预期的学习成果、课程框架及教学策略；

执行阶段，教育工作者严格按照既定计划开展教学和学习活动，确保它们与预设的学习成果紧密相连；

检查阶段，通过评估、学生反馈和课程评价等多种方式，收集学生学习成果的数据，进而深入分析这些数据，以评估教学和学习实践的有效性；

行动阶段，基于数据分析的结果，教育部门对教学和学习策略、课程设计或评估方法进行必要的调整和改进，确保教育实践持续进步和提升。

PDCA 循环形成了一个有效的反馈回路，使教育工作者能够持续评估并改进自己的实践，从而更好地满足学生、社会和经济发展的需求。通过实施这一循环，教育机构能够建立起一种持续改进的文化氛围，为学生提供更加优质的学习环境。

持续改进作为 OBE 的核心组成部分，旨在通过不断评估和改进教学和学习实践，确保其目标始终与学生、社会和经济发展的需求保持紧密关联。这种改进不仅有助于优化教育过程，提升学生学习成果，更能帮助教育机构适应不断变化的社会和经济环境。

通过持续改进，我们能够确保 OBE 始终保持其活力和有效性，为学生提供更加优质的教育服务，帮助他们更好地适应未来社会和经济发展的需求。

第二章

高校人才培养系统

衡量高校人才培养系统成功的核心指标，无疑是学生的学习成果。本章即从学习成果这一视角，深入剖析成功的高校人才培养系统框架。清晰且可衡量的学习成果，正体现了 OBE 理念。学习成果，即学生在完成课程、项目或教育经历后应掌握的知识和具备的能力，其描述必须详尽而精确。

达成期待的学习成果，关键在于以下五点：其一，确立明确的培养方案，这是第一步，具体是指学生经过教育过程应获得的知识、技能。其二，使用清晰且具体的行为动词来描述学习成果，如"分析""评估""综合""创造""演示"和"应用"，这些动词能够直观地展现学生所具备的能力。其三，衡量学习成果至关重要，通过客观评估工具如评分标准、评估标准等，来检验学生对知识的掌握和应用能力。其四，确保学习成果与课程、教学和评估实践的高度一致。其五，设计学习成果需要利益相关者的广泛参与，包括教师、学生、企业等，以确保学习成果符合各方的期望和需求。

深入探讨 OBE 理念的组成部分，即核心价值观、方向、成果和系统，我们发现这四者相互关联。核心价值观是指导高校行为和决策的基础信念；方向则代表了高校为实现这些价值观而采取的具体教学计划和行动，方向为高校提供了清晰的愿景；成果则是对学生应掌握和具备的技能的明确陈述，成果与既定方向保持一致，并作为课程设计、教学和评估的指南；系统是支持实施和实现预期结果的操作流程和结构，系统确保高校人才培养所遵循的方向，并持续有效地对结果进行衡量。

成功的高校人才培养系统应整合核心价值观、方向、成果和系统，使它们协同工作，为学生创造有目的且有效的教育环境。

一、学习成果设计

在教育领域中，学习成果是指学生在经过一定的学习过程后，所获得的知识、技能、态度和价值观等方面的提升或变化。这些成果是学生学习活动的直接结果，也是教育目标的具体体现。

在本章开端我们阐述了学生的学习成果对于高校人才培养系统的重要性，接下来，我们将从高校人才培养项目和课程的角度出发，探讨有助于设计学习成果的实用方法，并解析不同层次学习成果的等级。

从课程的目标开始：设计学习成果的第一步从培养目标开始。培养目标是高校对人才培养的概括性总结。例如，培养目标可能是"培养具有批判性思维能力的毕业生"。

确定课程成果：当我们确定了培养目标后，下一步是确定课程或者项目的成果。在这个过程中，我们要了解学生在项目课程中能够具体做什么。例如，课程项目成果可能是"学生能够分析复杂问题并制订有效的解决方案"。

制定课程等级成果：确定了课程项目成果，下一步是制定课程等级成果，可以理解为学生在每门课程中能够具体做什么。例如，课程等级成果可能是"学生能够识别复杂问题的关键组成部分并进行详细分析"。

使用布卢姆分类法：布卢姆分类法是一个根据认知复杂性对学习目标进行分类的框架。布卢姆分类法已被广泛应用于教育和培训领域。它已被用于制定教学目标、设计评估和创建课程。布卢姆分类法是一种非常有用的工具，可用于确保教育和培训计划高效。在这里布卢姆分类法可以帮助我们制定课程等级成果。布卢姆分类法包含六个级别，从低到高依次为：记忆、理解、应用、分析、评价和创造。

使用行为动词：在撰写学习成果时，重要的是使用清晰且具体的行为动词来描述学生能够做什么。使用行为动词还有助于确保成果是可衡量的。布卢姆分类法不同层次的行为动词示例包括：

> 记忆：列出、定义、识别。
> 理解：总结、解释、诠释。
> 应用：解决、演示、应用。
> 分析：分析、比较、评估。
> 评价：评估、评价、判断。
> 创造：设计、创造、发明。

确保一致性：确保课程成果与课程目标的一致性至关重要。这种一致性有助于教学和学习活动更加聚焦于实现预期的学习目标。

设计学习成果是一个循序渐进的过程，它始于课程目标，细化到课程成果，再进一步细化到课程等级成果。在这个过程中，我们需要仔细考虑课程目标，与布卢姆分类法对齐，并使用具体的行为动词来描述学生的能力。通过这一过程，我们可以确保课程不仅有效、相关，而且能够基本满足所有利益相关者的需求。这不仅是 OBE 理念的关键组成部分，也是高校和二级教学单位确保教育质量的重要步骤。设计学习成果不仅是 OBE 的核心环节，也是高校和二级教学单位确保课程质量、满足利益相关者需求的关键步骤。通过这一过程，我们能够为学生打造一个目标明确、内容充实、成果可衡量的学习环境，助力他们成长为具备批判性思维能力和全面发展的优秀人才。

二、高校培养达成体系框架

高校培养达成体系框架是基于高校人才培养的核心价值观而逐渐建立的。在任何高校中，要设计有效的学习目标，制订培养方案，首先要了解该校的办学理念及人才培养思想，也就是高校的基本价值观是什么，它们是否已被全校师生接纳，它们是否在校园中已广为人知。我们引入高校核心价值观概念来进一步阐明高校的办学理念和人才培养思想。

确定高校的办学理念和人才培养思想即核心价值观是制定高校发展和人才培养战略计划的重要一步。核心价值观是指导该校行动和决策的原则和信念。

确定高校核心价值观的五个关键步骤如下：

步骤一：回顾高校愿景和使命。当代高校的愿景和使命通常为识别学校核心价值观提供了一个良好的起点。这些愿景和使命通常阐明了机构的总体目标和愿望。

步骤二：吸引利益相关者。利益相关者的参与有助于确保核心价值观与利益相关者的需求和愿望相关且一致。利益相关者可以通过调查、研究和其他形式的反馈参与进来。

步骤三：分析现有政策和做法。分析现有政策和做法有助于明确已根植于高校文化中的价值观。

步骤四：确定最重要的价值观。根据高校的校训、愿景和使命，利益相关者的反馈以及对现有政策和做法的分析，我们可以确定高校的核心价值观。

步骤五：传达核心价值观。我们在确定高校核心价值观后，重要的是将它们传达给校园各处。

三、高校核心价值观

良好的价值观不仅是高校成功的基石，更是高等院校实现愿景和使命的重要支撑。秉持良好价值观的高校，能够在各个层面的决策和行动中保持清醒与坚定，从而更有可能实现其宏伟的目标。良好价值观在高校中发挥着举足轻重的作用。

首先，一致性是良好价值观带来的显著优势。价值观确保了高校的行动和决策始终与其愿景和使命紧密相连，保持高度一致。例如，对于那些致力于将学术成果应用于社会的高校来说，它们的学生往往能够在学习中感受到强烈的使命感，这种使命感正是源于高校所秉持的价值观。

其次，良好的价值观可以在高校内部创造一种积极的文化氛围。这种文化氛围不仅有助于吸引和留住优秀的教职员工，还能激发学生的参与热情。在这种积极的文化氛围熏陶下，师生们共同努力，朝着共同的目标迈进。

再次，有较强责任感是良好价值观在高校中的又一体现。教职员工和学生都深知自己肩负着重要的责任，需要遵守高标准的行为规范，严格自我要求。这种责任感促使高校始终坚守其愿景和使命，合理分配资源，确保每一项工作都能够为实现高校的办学理念和人才培养目标作出贡献。

最后，良好的价值观还鼓励高校培养创新文化。在这种文化氛围下，教职员工敢于挑战传统，勇于探索新的教学方法和研究领域。学生们也能够在这种环境中得到充分的锻炼，不断提高自己的创新能力和实践能力。

在我国，高校作为培育和践行社会主义核心价值观的重要阵地，肩负着重要的使命。在坚守高校核心价值观的同时，我们还需加强以下五个方面的工作：

一是深化思想政治教育。高校应把思想政治教育贯穿于人才培养的全过程，引导学生树立正确的世界观、人生观和价值观，帮助他们成长为有理想、有道德、有文化、有纪律的社会主义新人。

二是强化师德师风建设。教师是学生的引路人，他们的言谈举止对学生有着深远的影响。高校应加强对教师的师德师风教育，引导他们以身作则、率先垂范，为学生树立良好的榜样。

三是营造积极向上的校园文化氛围。高校应积极营造健康、和谐、向上的文化氛围，让学生在这种环境中感受到温暖和力量，激发他们的学习热情和创造力。

四是开展丰富多彩的校园活动。高校应组织学生参与各种形式的校园活动，如志愿服务、社会实践等，让学生在实践中感悟和践行社会主义核心价值观。

五是加强对学生的个性化指导。高校应关注学生的个性化需求，为他们提供有针对性的指导和帮助，引导他们健康成长，实现自我价值。

具体而言，高校可以采取以下措施来创造核心价值观：

- 在课程设置上，要加强思想政治理论教育，引导学生树立正确的世界观、人生观、价值观。
- 在课堂教学中，要注重渗透社会主义核心价值观，引导学生将理论与实践相结合。
- 在校园文化建设中，要弘扬主旋律、传播正能量，营造有利于学生健康成长的校园文化氛围。
- 在学生社团活动中，要引导学生积极参加志愿服务、社会实践等活动，使学生在实践中感悟和践行社会主义核心价值观。
- 在师德师风建设中，要引导教师以身作则、率先垂范，为学生树立良好的榜样。

四、系统人员

在高校的人才培养体系中，系统人员负责开发、实施并维护高校运行所需的各项系统和流程。这些人员包括管理人员、教师、职员以及学生，他们共同肩负着确保系统和流程的设计与实施能够紧密贴合高校的培养目标与宗旨的责任。

高校中的每一个人，通过共同努力开发和实施高效的系统与流程，都在为高校实现其人才培养目标和办学宗旨贡献着力量。在这一过程中，协作、创新和持续改进的精神至关重要。面对挑战时，我们需要不断完善系统和流程，以确保这些系统和流程能够精准地满足机构的需求（见图2-1）。

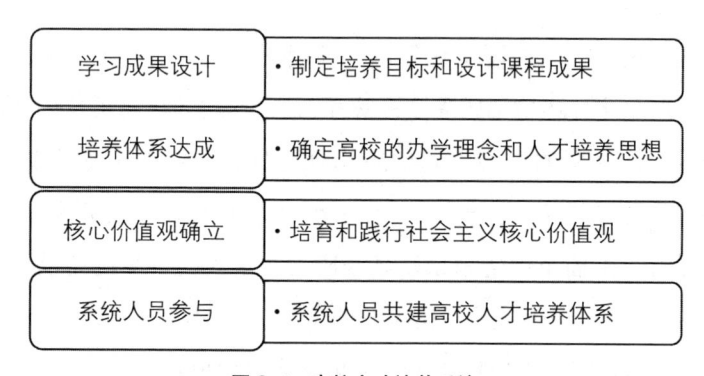

学习成果设计	·制定培养目标和设计课程成果
培养体系达成	·确定高校的办学理念和人才培养思想
核心价值观确立	·培育和践行社会主义核心价值观
系统人员参与	·系统人员共建高校人才培养体系

图2-1 高校人才培养系统

五、高校人才培养系统框架

高校人才培养系统框架是一套集政策、实践与策略于一体的综合性框架，旨在助力高校达成人才培养目标和办学宗旨。该系统框架着力于扩大学生培养成果、提升教学和学习质量，并推动高校整体进步。以下是该框架的五个关键构成要素：

明确的使命与愿景：一个清晰而富有吸引力的愿景和使命对于高校人才培养

系统来说不可或缺。它为高校指明了人才培养的目标和方向，并为校内各级部门的决策提供了有力支撑。

强大的领导力：领导力对于高校人才培养至关重要。包括从行政人员、教师到其他各类工作人员在内的所有层级领导者不仅能够激发团队成员的热情与动力，还能根据高校的实际需求，提供明确的指导与方向。

持续改进与优化：高校人才培养系统框架应始终致力于持续改进，旨在不断提高学生成绩并优化教学和学习环境。这需要我们密切关注框架实施过程中的数据反馈，并制定有效的应对策略，以确保目标得以顺利实现。

广泛的利益相关者的参与：利益相关者的积极参与对于高校人才培养至关重要。这些利益相关者包括教职员工、学生、校友、企业以及社区成员等。他们可以通过各种形式，如电话或网络调查、定期访谈以及其他反馈渠道等，为高校人才培养系统框架的完善提供宝贵的建议与意见。

充足的资源保障：充足的资源是高校人才培养系统框架得以顺利实施的基础。这包括资金、人力资源和基础设施等方面的投入。

总之，高校人才培养系统框架为高校实现人才培养目标和办学宗旨提供了重要支撑。

（一）框架内容

本书所提及的高校人才培养系统框架，为解决高校人才培养过程中遇到的诸多问题，提供了一套全面整合的方法。该框架的理念涵盖了成功课程、成功毕业、成功校友和成功校园四个维度，旨在构建一个连贯且协调的系统，全方位地支持学生的学习，并助力他们顺利融入社会。

这四个维度逐层递进，共同构成了一个全面且综合的人才培养体系。

第一层"成功课程"，聚焦于开发高效课程及教学材料，具体体现在高校的专业培养方案和课程教学大纲中。这一层次旨在通过制定明确的学习目标、匹配相应的教学评估，以及设计引人入胜且富有成效的培养方案，为学生的学习和未来职业发展奠定坚实基础。

第二层"成功毕业"，侧重于确保学生成功完成学业，并在所选领域获得所需的专业知识、技能。高校通过跟踪毕业生的就业或深造情况，收集成功案例，并据此持续改进培养方案。这一层次旨在提升学生的综合竞争力，为他们顺利融入社会做好准备。

第三层"成功校友"，着眼于毕业生在职业生涯中的长期发展。高校通过向校友提供职业发展服务，建立校友网络和导师网络，助力校友在职业生涯中取得更大的成功。这一层次不仅体现了高校对校友的持续关怀，也进一步提升了高校的社会声誉和影响力。

第四层"成功校园"，关注高校在实现办学理念和人才培养目标方面的整体成功。通过提高入学率、毕业率和就业率等指标，以及在社会上树立良好的声誉，高校能够证明其人才培养系统的有效性。

通过深入实施高校人才培养系统框架，高等教育机构不仅能够持续改进教学环境，还能最大限度地增加所有利益相关者的整体利益。接下来，我们将详细阐述这四个层次的运作机制，并通过具体案例了解每个层次如何相互支持、共同推动高校人才培养目标的整体成功。

（1）成功课程

成功课程是高校人才培养系统框架的重要基础。在前面我们也提到了，成功课程的构建主要依托专业培养方案和课程教学大纲这两个核心组成部分。接下来，我们将围绕这两个方面的内容展开探讨。

①专业培养方案。

当前，我国各高校的人才培养方案是根据国家人才培养的宏观目标和高校自身的办学特色与定位，精心制订的一套具体而详尽的人才培养计划。它涵盖了人才培养的基本规格、明确的培养目标、精心设计的课程设置、灵活多样的教学方法、具体实践教学环节以及明确的毕业要求等多个方面。

我国各高校的人才培养方案具有以下三个特点：

- 以立德树人为根本任务。高校培养方案坚持以立德树人为根本任务，把思想政治教育贯穿人才培养全过程，引导学生树立正确的世界观、人生观、价值观。

- 注重理论与实践相结合。高校培养方案注重理论与实践相结合，着力加强实践教学，培养学生的实践能力和创新能力。
- 体现多样性和个性化。高校培养方案体现了多样性和个性化的统一，以满足不同类型学生的需求。

我国各高校的人才培养方案根据人才培养目标和培养模式的不同，可以分为以下三种类型：

- 本科培养方案。本科培养方案是为本科生制订的培养方案，通常规定了本科生的培养目标、课程设置、教学方法、实践教学、毕业要求等。
- 硕士研究生培养方案。硕士研究生培养方案是为硕士研究生制订的培养方案，通常规定了硕士研究生的培养目标、课程设置、教学方法、实践教学、毕业要求等。硕士研究生培养方案特别强调了研究生阶段的学术研究能力与创新能力培养。
- 博士研究生培养方案。博士研究生培养方案是为博士研究生制订的培养方案，通常规定了博士研究生的培养目标、课程设置、教学方法、实践教学、毕业要求等。博士研究生培养方案更加注重博士生的科研素养和学术造诣的提升。

近年来，为了适应社会发展和人才需求的快速变化，我国高校在培养方案上进行了积极的改革探索。改革的主要方向包括：

- 加强思想政治教育。各高校在培养方案中加强了思想政治教育的力度，引导学生树立正确的世界观、人生观、价值观。
- 注重实践教学。各高校在培养方案中增加了实践教学的环节，培养学生的实践能力和创新能力。
- 体现多样性和个性化。各高校在培养方案中更加注重学生的个性化发展，提供多样化的课程和培养模式。

展望未来，我国高校培养方案将继续深化改革，以适应新时代对人才培养的新要求。未来的发展趋势可能包括：

- 更加注重立德树人。各高校将更加突出立德树人根本任务，把思想政治教育贯穿人才培养全过程。
- 更加注重实践教学。各高校将进一步加强实践教学环节，培养学生的实践能力和创新能力。
- 更加体现多样性和个性化。各高校将更加尊重学生的个性化发展，提供更加多样化的课程和培养模式。

面对日新月异的教育环境和技术发展，高校培养方案也将迎来新的机遇和挑战。高校培养方案具体的展望如下：

- 虚拟现实技术将更加广泛地应用于教学，为学生提供更加"真实"的模拟实践环境。
- 人工智能将用于个性化学习，根据学生的学习情况和特点，提供个性化的学习内容和学习方式。
- 大数据将广泛应用于教学评估，帮助教师了解学生的学习效果，并进行改进。
- 高校将与企业合作建立更加紧密的联系，共同完善人才培养方案，并为学生提供实习和就业机会。

②课程教学大纲。

高校课程教学大纲是高校根据国家人才培养目标和自身办学定位，对每门课程的教学内容、教学方法、考核方式等进行的详细规定。高校课程教学大纲规定了人才培养的基本规格、培养目标、课程设置、教学方法、实践教学、毕业要求等。

高校课程教学大纲一般包括以下组成部分：

- 课程名称：课程的正式名称。
- 课程代码：课程的唯一识别码。
- 所属学科：课程所属的学科门类。
- 学分：课程的学分值。
- 先修课程：学习本课程之前必须修读的课程。
- 课程性质：课程的类型，如必修课、选修课、专业基础课、专业课等。
- 课程目标：课程的教学目标，包括知识目标、能力目标和素质目标。
- 课程内容：课程所要讲授的内容，包括理论知识、实践技能和案例分析等。

- 教学方法：课程的教学方法，如讲授、讨论、实验、实习等。
- 考核方式：课程的考核方式，如考试、写作业、写论文等。
- 教学参考书目：课程的教学参考书目。

课程教学大纲在人才培养过程中发挥着至关重要的作用：
- 它是制订教学计划和组织教学活动的依据。教学大纲规定了课程的教学目标、内容、方法和考核方式等，是教师组织教学活动的依据。
- 同时，它也是学生学习的指南。教学大纲规定了课程的学习目标和内容，是学生学习的指南。
- 此外，它还是进行教学评估的重要依据。教学大纲规定了课程的考核方式，是进行教学评估的依据。

（2）成功毕业

高校人才培养系统框架的核心第二层聚焦于"成功毕业"这一概念。成功毕业，意味着学员们圆满地完成了学业课程，积淀了足以在所选领域立足的知识和技能。当这些毕业生踏上职业道路或继续深造时，他们已拥有了充分的职业认知和知识储备，能够自信地迎接未来的种种挑战。

为了全面评估并持续优化这一层面的成果，部分高校积极跟踪其毕业生在求职或升学方面的表现。他们通过系统收集并分析毕业生的就业数据、升学信息等，深入洞察人才培养工作的成效。这些数据也为改进课程设置和优化培养方案提供了有力的支撑。

通过深入剖析和应用这些数据，高校能够更精准地把握市场脉搏和行业需求，进而有针对性地调整课程结构，提升教学质量，为毕业生创造更多就业机会和升学途径。因此，成功毕业不仅是高校人才培养的重要里程碑，更是衡量高校教育质量的关键指标。

（3）成功校友

高校人才培养系统框架的第三层，即成功校友层面。当校友们在各自的领域熠熠生辉、取得非凡成就时，他们不仅成为母校的荣耀象征，更是作为高校形象的重要使者，积极为母校吸引着一批又一批的杰出新生。校友们的成功，不仅是对高校办学理念和使命的深刻诠释，更是对其教育培养能力的有力证明。

为了促进校友们在职业生涯中的持续发展，高校会采取一系列富有成效的措施。例如，高校一般会建立校友导师网络，让经验丰富的校友为在校生或在职校友提供宝贵的职业指导和人生建议；另外，高校还会提供全面的职业发展服务，如职业规划咨询、就业指导等，帮助校友们更加清晰地规划职业道路，提升职业竞争力。这些举措不仅有助于校友们实现个人职业目标，也进一步加深了校友与母校之间的联系。

成功校友的存在，不仅为高校带来了更多的社会赞誉和支持，也为高校的未来发展注入了强大的信心和动力。因此，成功校友层面在高校人才培养系统框架中占据着举足轻重的地位。

（4）成功校园

成功校园，作为高校人才培养系统框架的最高层面，全面体现了机构在达成使命和目标方面的卓越表现。这种成功具体反映在多个关键指标上，如持续上升的入学率、稳定的"保留率"、高毕业率以及卓越的社会声誉。当一所校园取得这样的成功时，它能够吸引并留住一流的教职员工，为学生打造优质的教育环境，同时为社会的进步贡献智慧与力量。

为了不断追求卓越，高校会进行多方面的投入，如加强基础设施建设或推进创新研究计划，进一步提升自身的知名度和吸引力，以吸引更多优秀的学子与教职员工。

以某大学为例，该大学针对核心课程进行了大刀阔斧的改革，引入更多互动式学习元素，使评估与学习成果更加紧密结合。这一举措不仅提升了学生对课程的参与度和满意度，还显著地提高了课程的完成率。这些毕业生在各自领域都表现出色，能够快速融入职场或顺利进入研究生阶段的学习。随着时间的推移，这些优秀的毕业生成为母校的骄傲，他们积极担任"导师"角色，为新一代学子提供宝贵的经验和指导。

这种成功不仅仅体现在个体的层面，更体现在校园的整体层面。随着入学人数的稳步增长、社会声誉的不断提升以及研究机会的日益增多，这所大学正逐步迈向更加辉煌的未来。

（二）案例研究
（1）成功课程案例

教学大纲改革提升就业率具体案例如下。

案例一：H 大学机械工程专业

H 大学机械工程专业在教学大纲改革方面取得了显著成效，通过一系列创新举措，有效提升了学生的实践能力和就业竞争力。

首先，该专业强化了实践教学环节。学校通过将理论教学与实践教学紧密结合，增加学生的动手实践机会，使学生能够更好地掌握实际操作技能。同时，学校建立了完善的实践教学体系，包括课程实习、生产实习、毕业设计等，确保学生在校期间能够充分接触实际工作场景。此外，学校与国内外知名企业建立了紧密的合作关系，为学生提供了丰富的实习和就业机会，使学生能够提前了解企业需求，为未来的职业发展做好准备。

其次，该专业注重课程内容与企业需求的接轨。学校通过邀请企业专家参与教学，使学生能够深入了解企业实际需求，掌握企业所需的技能。同时，学校会定期对课程内容进行更新和调整，确保课程内容与行业发展最新趋势保持一致，使学生所学知识与市场需求紧密对接。此外，学校还开设了与新兴产业相关的课程，如人工智能、大数据等，使学生能够掌握新兴技术，增强就业竞争力。

最后，该专业推行了个性化培养模式。学校通过建立学生学业档案，记录学生的学习情况和实践表现，为学生提供个性化的课程和学习指导。同时，学校建立了导师制，为学生提供学业指导和职业规划，帮助学生明确职业方向和发展目标。这种个性化的培养模式，使得学生能够沿着自己的兴趣和特长发展，提高了学习效果和就业满意度。

在改革效果方面，学生的就业率得到了显著提高，毕业生受到企业的广泛欢迎。毕业生满意度调查显示，学生对教学改革普遍表示满意，认为这些改革措施有效提升了他们的学习效果。

综上所述，H 大学机械工程专业在教学大纲改革方面的举措取得了显著成效，不仅提升了学生的实践能力和就业竞争力，也为学校的整体发展和社会进步作出了积极贡献。

案例二：Z 大学计算机科学专业

Z 大学计算机科学专业在教学大纲改革方面进行了大胆的探索，取得了显著的成效。具体改革措施如下：

首先，该专业强化了课程的应用性和实践性。学校通过减少理论教学的比重，增加了实践教学的比重，使学生能够更多地接触实际操作，提升技能水平。同时，学校还开设了一系列实践性课程，如软件开发、数据库设计、网络安全等，为学生提供了丰富的实践机会。此外，学校还建立了虚拟仿真实验室，为学生提供了先进的实践平台，使他们能够在模拟环境中进行实践操作，提升实践能力。

其次，该专业开设了与新兴产业相关的课程。随着人工智能、大数据、云计算等新兴产业的快速发展，学校紧跟时代步伐，开设了相关课程，并邀请业内专家学者授课，使学生能够及时了解最新技术发展趋势，掌握前沿技能。同时，学校鼓励学生参与科研项目，将理论知识应用于实践，培养学生的创新能力和实践能力。

最后，该专业建立了个性化培养模式。学校实行弹性学分制，允许学生根据自己的兴趣和能力选择课程，以满足学生的个性化需求。学校提供了多种学习方式，如线上学习、线下学习、混合式学习等，使学生能够灵活学习。此外，学校还建立了学生创新创业中心，为学生提供创新创业指导和支持，鼓励学生积极投身创新创业实践。

在改革效果方面，学生的就业选择更加多元化，毕业生就业率保持稳定。学生的创新能力和创业能力得到了显著提升，能够更好地适应市场需求。毕业生满意度调查显示，学生对教学改革普遍表示满意，认为这些改革措施有助于提升他们的学习效果。

综上所述，Z 大学计算机科学专业在教学大纲改革方面的举措取得了显著成效，不仅提升了学生的实践能力和创新能力，也为学校的整体发展和社会进步作出了积极贡献。

案例三：F 大学新闻学专业

F 大学新闻学专业在教学大纲改革方面进行了深入的探索，取得了令人瞩目的成效。具体改革措施如下：

首先，该专业加强了对学生职业素养的培养。学校通过开设职业规划、职业技能等课程，帮助学生明确职业发展方向，提升就业竞争力。同时，学校邀请业内资深人士进行讲座，分享行业经验和见解，使学生能够更好地了解行业发展趋势和市场需求。此外，学校还建立了校友导师制度，为学生提供职业指导和帮助，使学生能够在职业道路上少走弯路。

其次，该专业强化了实践教学环节。学校要求学生参加各类实习和实践活动，通过亲身参与新闻采编、制作等工作，增强实践能力。同时，学校与国内外媒体机构建立了紧密的合作关系，为学生提供丰富的实习和就业机会，使学生能够提前接触实际工作场景，为未来的职业发展作好准备。此外，学校还建立了新闻实训中心，为学生提供先进的实践平台，模拟真实工作环境，帮助学生更好地适应市场需求。

最后，该专业推行了个性化培养模式。学校实行导师制，为学生提供个性化的学业指导和职业规划，帮助学生制订适合自己的学习计划和职业路径。学校还鼓励学生学习或辅修第二专业，拓宽知识面，提升综合素质。同时，学校还提供多种学习方式，如线上学习、线下学习、混合式学习等，使学生能够灵活学习。

在改革效果方面，学生的就业率得到了显著提高，毕业生受到媒体行业企业的广泛欢迎。学生的职业素养和专业能力得到了明显提升，能够更好地适应市场需求。毕业生满意度调查显示，学生对教学大纲改革普遍表示满意，认为这些改革措施有助于提升他们的学习效果。

综上所述，F大学新闻学专业在教学大纲改革方面的举措取得了显著成效，不仅提升了学生的实践能力和职业素养，也为学校的整体发展和社会进步作出了积极贡献。

显然，教学大纲改革产生了显著的正面效应。作者在对多所高校的职能部门和教学部门深入调研的基础上，编制了一份针对高校在读大学生和毕业生的调查问卷。该问卷旨在全面了解他们对本大学专业培养方案、教学大纲及课上内容的看法和感受，以便为高校进一步优化教学工作提供有力依据。问卷具体内容详见《附录一：高校在读大学生和毕业生对本大学专业培养方案、教学大纲、课上内容的调查问卷》。

（2）成功毕业案例

案例一：

姓名：王某明

毕业院校：P 大学

专业：计算机科学与技术

毕业去向：成功入职深圳市腾讯计算机系统有限公司

入职机构情况：腾讯，成立于 1998 年 11 月，历经二十余载的稳健发展，已跻身中国领先的互联网增值服务提供商之列。公司始终坚守"一切以用户价值为依归"的经营哲学，为数亿用户提供稳定且高品质的服务。腾讯致力于实现"连接一切"的战略目标，其核心服务涵盖社交平台与数字内容两大领域。该公司通过 QQ、微信等即时通信工具，腾讯网（QQ.com）、腾讯游戏以及 QQ 空间等领先网络平台，满足用户在沟通、资讯、娱乐及金融等多方面的需求。腾讯的发展不仅深刻影响和改变了亿万网民的沟通方式和生活习惯，更为中国互联网行业开创了崭新的前景。展望未来，腾讯将继续以"坚持自主创新，树立民族品牌"作为其长远发展的核心战略。值得一提的是，腾讯拥有超过 50% 的研发人员，构建了完善的自主研发体系，在多个技术领域拥有大量专利，位居全球互联网企业专利申请和授权总量排名前列。

成功经验：

王某明在 P 大学计算机科学与技术专业求学期间，展现了出色的学术与实践能力。

- 在校期间，王某明学习刻苦努力，成绩优异，专业排名名列前茅。
  - 除了课堂学习，王某明还积极参加各种学术讲座和科研项目，并取得了一些成果。
- 积极参加科研项目，发表了多篇学术论文。
  - 王某明积极参与导师的科研项目，并在项目中发挥了重要作用。
  - 积极参加行业内的学术会议，并有一次出国参与计算机专业知名学术研讨会的经历，且发表了多篇学术论文。
- 利用课余时间学习编程，并参加了多个编程比赛，获得了若干奖项。

- - 王某明利用课余时间学习了多种编程语言，并参加了多个编程比赛，获得了谷歌全球编程挑战赛（Google Code Jam）等比赛的奖项。
- 在校期间积累了丰富的实践经验，并建立了良好的人脉关系。
  - 王某明积极参加各种实习和实践活动，并在实践中积累了丰富的经验。
  - 积极参加校内外举办的各种社团活动和体育运动，并建立了良好的人脉关系。

正是这些丰富的学术与实践经历，为王某明成功入职腾讯奠定了坚实的基础。

案例二：

姓名：李某丽

毕业院校：P大学

专业：法学

毕业去向：顺利入职君合律师事务所

入职机构情况：君合律师事务所，自1989年起扎根于北京，是中国合伙制律师事务所的先驱之一。经过数十年的发展，君合已在全球范围内建立了十四个办公室，拥有逾千名精英律师，成为国际公认的中国顶尖综合律师事务所。在中国，君合以北京为总部，辐射上海、广州、深圳等城市，并在杭州、成都、西安、青岛、大连和海口等地设立了办公室，形成了覆盖中国主要政治、经济和金融中心的强大网络。君合深知人才是律师事务所发展的核心，因此始终致力于吸引和培养最顶尖的法律人才。其律师团队中不乏国内外知名法学院校的佼佼者，亦有资深会计师、税务师及科学家等跨界精英，更有来自国际知名律师事务所和投资银行的优秀人才。凭借卓越的业绩与口碑，君合荣幸地成为Lex Mundi和Multilaw两大国际律师协作组织的唯一中国代表，并与全球众多优秀律师事务所建立了紧密的合作关系，为客户提供无国界的优质法律服务。

成功经验：

- 在校期间，李某丽认真学习法学理论知识，并积极参加模拟法庭活动。
  - 李某丽认真学习法学理论知识，并积极思考，经常和专业课老师沟通，善于总结每门专业课的知识。
  - 积极参加学院组织的模拟法庭活动，并担任了多个案件的主辩律师。

- 利用课余时间参加法律援助活动，积累了丰富的实践经验。
  - 李某丽利用课余时间参加了多个法律援助活动，为弱势群体提供了法律服务。
  - 利用互联网搜索行业的活动信息，积极参加法律诊所等活动，积累了丰富的实践经验。
- 积极参加校内外举办的各种演讲比赛和辩论赛，锻炼了自己的口才和思维能力。
  - 李某丽积极参加校内外举办的各种演讲比赛和辩论赛，并取得了优异成绩。
  - 积极参加社团活动，担任了学生会主席等职务，锻炼了自己的组织能力和领导能力。
- 在校期间就取得了律师资格证，并积累了一定的工作经验。
  - 李某丽在校期间就取得了律师资格证，并在一家涉外律师事务所实习。
  - 积累了一定的工作经验，很好地完成了实习活动，得到了所在实习律师事务所的认可。

李某丽的成功不仅证明了 P 大学人才培养目标的优秀，也体现了高校对学生未来职业发展的深度支持。这体现了 P 大学办学理念与人才培养目标的完美契合。

案例一和案例二中两位大学毕业生均来自 P 大学，根据 P 大学学生处和招生就业办公室对该校 2023 届毕业生进行的一项调查数据，98.2% 的应届毕业生在毕业后三个月内找到了工作或攻读更高学位。数据显示，2019 年秋季入学的全日制本科生毕业率为 99.7%，完美达成了 P 大学的高校人才培养目标。

P 大学通过定期的"毕业后首次工作／学习调查"紧密跟踪学生的职业发展动态，不仅完善了人才培养系统框架，更从评估角度展现了其教育质量的卓越。

作者在对多所高校学生处、招生就业办公室和校友会进行调查后，编制了一份针对高校毕业生的调查问卷。该问卷旨在全面了解毕业生对所在大学就业指导工作的满意度以及专业培养与实际需求的匹配程度。通过这份问卷，我们收集到许多宝贵的反馈意见，为高校进一步优化就业指导服务、提高专业培养质量提供有力依据。问卷详细内容请参见《附录二：高校毕业生所在大学就业指导工作的满意度以及专业培养匹配度的调查问卷》。

（3）成功校友案例

M大学对2022届毕业生进行的"毕业后活动报告"调查显示，应届毕业生最热衷的就业领域集中在咨询、金融、技术、医疗保健以及教育等行业，同时，也有相当多的毕业生选择投身公共服务和艺术相关领域。

M大学一直密切关注校友的职业发展情况。根据校友会提供的数据，高达96%的校友对他们在M大学的求学经历表示满意，更有86%的校友表示如果时光倒流，他们仍会选择这所大学作为他们的求学之地。

校友们不仅在各个领域取得了职业成就，更为社会作出了积极的贡献。通过为校友提供丰富的职业发展和社交机会，M大学为毕业生在离开校园后取得职业成功奠定了坚实的基础。

作者在对多所高校学生处、招生就业办公室和校友会进行调查，精心编制了一份针对高校大学生毕业后的信息调查问卷。问卷详细内容请参见《附录三：高校大学生毕业后信息调查问卷》。

（4）成功校园案例

近年来，K大学的退学率呈现出稳步下降的趋势。该校学生处的数据显示，其退学率已从2016年的3.5%显著降至2020年的1.7%。与此同时，K大学的毕业率也呈现出增长态势。连续六年的平均毕业率高达99.7%。此外，该大学学生处和招生就业办公室对毕业校友的调查显示，校友就业率和硕士研究生入学率均有所上升。

值得一提的是，K大学在我国高等院校的综合排名以及"王牌专业"的排名中都取得了令人瞩目的成绩，这充分体现了该校在教育教学和人才培养方面的卓越实力。

在调查中，高达92.8%的毕业生认为，校园建设对降低退学率、提升毕业率以及促进校友就业和深造等发挥了重大作用，并对提升学校在各校及专业调查中的排名产生了积极影响。

作者在对多所高校学生处、招生就业办公室和校友会进行调查后，精心编制了一份专门针对高校毕业生对大学满意度和毕业后去向的调查问卷。问卷的详细内容请参见《附录四：高校毕业生对大学满意度和毕业后去向的调查问卷》。

（三）框架解析

高校人才培养系统框架中每一层次都是推动学校综合改进的关键环节。

我们遵循高校人才培养系统框架的自上而下层次结构进行深度解析。起始于最顶层，即高校期望培养出的人才类型，这直接反映了高校的愿景和使命。紧接着，我们转向高校内各分院、系、部的层面，探究它们各自期望培养出的人才的特质，这同样体现了各分院、系、部的愿景和使命。接下来，我们聚焦于具体专业的培养目标。随后，揭示了学生在分院、系、部学习后应获得的具体知识、技能和行业态度。再往下，详细描绘了与专业内各课程相关的具体学习成果（见图2-2）。

在框架的最底层，我们关注的是用于评估和衡量学生在各个层次实现情况的

愿景和使命
高校对人才培养的期望

人才培养期望
院、系、部对人才培养的期望

实施具体培养目标
各个专业具体落实培养目标

执行培养目标
在分院、系、部学习后应获得的具体知识、技能和行业态度

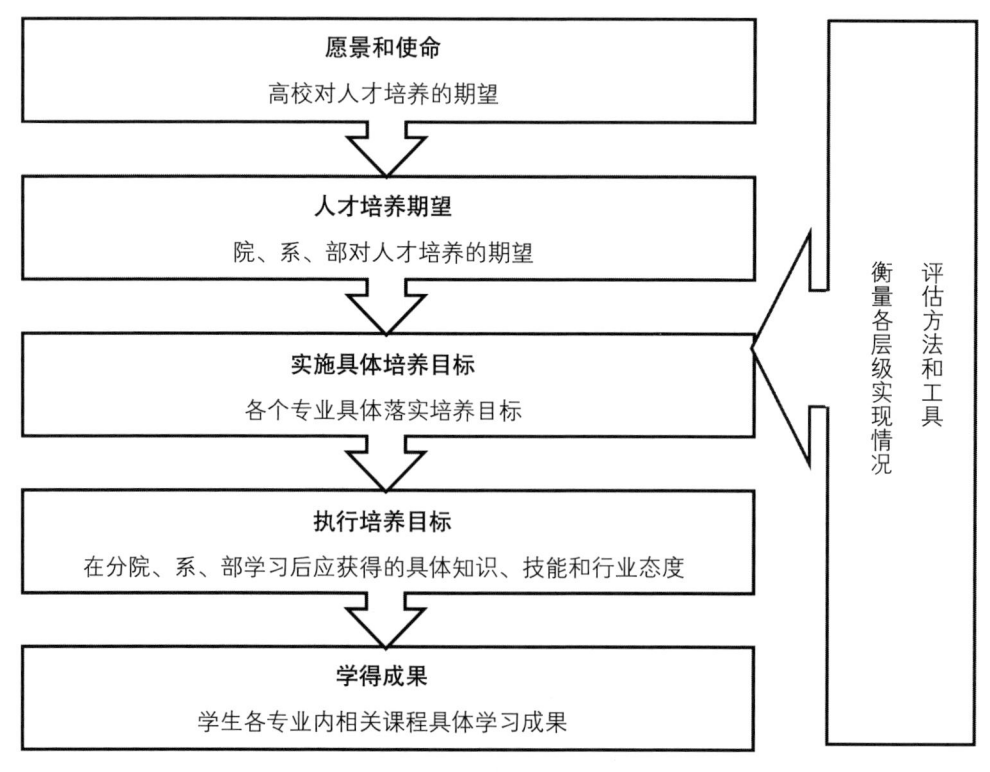

学得成果
学生各专业内相关课程具体学习成果

评估方法和工具 衡量各层级实现情况

图 2-2 高校人才培养系统框架

方法和工具。这些评估手段确保了高校能够全面、客观地了解学生的学习进展和成果达成情况。

通过这种层层递进的解析结构，我们强调了高校校园成功的嵌套结构，揭示了高校的愿景和使命如何逐步转化为分院、系、部的愿景和使命，进而指导专业培养目标的设定、成果的达成以及具体专业课程的设计。同时，通过对整个框架各个层级的评估和跟踪，我们能够即时了解每个层级预期成果的实现情况，为高校提供及时的反馈和调整依据。

第三章 ◆◇

高校人才培养目标

高校人才培养目标具有愿景与使命双重内涵。与之相呼应，校内各分院、系、部的人才培养目标同样承载了自己的愿景与使命，然而这些愿景与使命相较高校层面，就显得具体而微。高校的愿景与使命，是对未来学校发展的长远憧憬，它们富有启发性与抱负性，为各分院、系、部的人才培养战略规划和决策提供指引。

在我国高校中，各分院、系、部都具有鲜明的特色，其愿景与使命亦各具差异。这些愿景与使命既相互关联，又各有侧重。愿景描绘了分院、系、部人才培养的长远图景，而使命则明确了育人方向及实现愿景的策略行动路径，为教职员工和学生提供了明确的指引。

一、人才培养愿景

我们应确保高校的愿景与使命同分院、系、部的总体愿景与使命保持高度一致。同时，分院、系、部应具体阐述高校层面人才培养的具体目标，使愿景更加具象化，更具可操作性。

"愿景"的表述应力求简洁、精练，易于记忆且充满启发性。它应深刻揭示高校人才培养目标的本质，使利益相关者在不同场合都能轻松回忆起来。在文字的选择上，应避免使用模糊或过于抽象的语言，而应选用具体、专业的术语，这些术语应紧密贴合高校的办学特色和人才培养目标。

愿景不仅要具有前瞻性，更应立足现实，紧密结合高校当前的工作实际。在制定和改进愿景的过程中，评估和量化工作至关重要。例如，我们可以将愿景内容具体化为目标、毕业率或特定专业领域内毕业生的就业人数等可衡量指标。此外，我们定期审视愿景，并密切关注社会和行业的新需求，确保其与计划、目标的一致性，从而实现高校办学的社会价值。

二、人才培养使命

高校的人才培养使命，是高校负责人、教师、工作人员、学生以及其他利益相关者共同研讨、制定的，它兼具实用性和有效性，并可实现量化评估，与高校愿景有紧密的关联性。

"使命"的描述同样需要文字精练，聚焦于人才培养的具体目标和价值。使命的量化需设定人才培养成功率的定量目标和标准，为衡量工作提供明确尺度。

高校人才培养的使命，不仅为分院、系、部负责人、教师、工作人员和学生提供了行动基准，更为教学活动指明了方向，能确保全体人员朝着共同目标努力前行。使命的形成，广泛吸纳了高校教师、职员、学生和其他利益相关者的意见，充分反映了各方利益诉求，因此得到了广泛的支持。

参照人才培养的愿景，我们应定期对使命进行审查和更新，确保其始终与人才培养目标和高校价值观保持一致，不断推动高校人才培养工作的深入发展。

三、制定人才培养目标

为确保人才培养愿景和使命的顺利实现，高校应成立专门工作组。这一举措不仅体现了高校对人才培养的高度重视，更为实现办学理念和发展目标提供了坚实保障。

工作组的成立有助于高校敏锐洞察社会和行业发展的机遇，为办学活动明确优先方向。这一过程的推进，需遵循一系列步骤：

①确定利益相关者：首先确定应参与该过程的关键利益相关者。这可能包括项目负责人、教师、职员、学生、校友、行业合作伙伴和其他相关方。

②设定明确的目标：为工作组的工作内容设定明确的目标，例如定义高校的独特价值主张、设定战略目标，进一步明确高校人才培养的愿景和使命。

③选取专家意见：专家的意见可以帮助委员会形成高校人才培养愿景和使命的框架和主体内容。专家可以来自政府工作人员、其他高校顾问或其他具有相关经验的社会人员。

④制定日程：为工作组制定定期的会议日程，确保所有成员都能参加并充分参与。

⑤角色和职责：明晰每位工作组成员的角色和职责，按照时间节点给出他们的具体任务和对他们的具体期望。

⑥收集和反馈：制定一个从利益相关者出发的收集反馈流程，例如调查、小组访谈和个人访谈等。作者编写了针对教师、学生、校友和相关社会人士的关于高校人才培养目标的调查问卷，详见《附录五：高校人才培养目标调查问卷（高校）》《附录六：高校人才培养目标调查问卷（社会）》。个人访谈等收集反馈活动也可以此作为参考。

⑦起草和修改：组织人员共同起草和修改高校人才培养的愿景和使命，并利用收集的利益相关者的反馈数据来指导这一过程。

每一步都旨在确保愿景和使命的制定过程既科学又民主，既符合高校特色又符合社会期望。工作组的建立，还确保了高校与分院、系、部在人才培养目标和价值观上的一致性，有助于实现高校总体发展目标。通过利益相关者的多元化参与和反馈，工作组能够制定出既体现高校独特价值观又符合人才培养活动优先级别的愿景和使命。

在制定高校人才培养愿景和使命的过程中，各个阶段都会面临不同的问题，因此，需要全过程、全人员的共同协作和努力。

我们需要关注这些人群，他们包括：

- 高校教职员工
- 高校在读学生
- 高校校友
- 高校学生家长

- 社会对口行业企事业单位人员
- 政府教育部门管理人员

为了让高校人才培养愿景和使命真正进入大家的内心，鼓舞大家，我们可以充分利用当前的各种渠道，将高校最重要的理念传播给大家，我们可以把相关标语置放在：

- 高校校内教学场所
- 高校校内活动场所
- 高校校内生活场所
- 高校实物宣传品
- 高校网络宣传品（主页、微信公众号、抖音公众号、微博等）
- 高校员工邮件签名
- 其他适宜场所

通过对我国高校的调研，我们发现我国各高校有各具特色的愿景和使命。这些愿景和使命既体现了高校的办学特色，又展示了其独特的教育理念和专业水平。愿景示例如下：

"扎实的专业课程，丰富的校园生活，让我们的学生成为最受仰慕的行业专家。"

"创造并培养充满激情的、富有活力的管理类毕业生。"

"为我们的学生提供引人入胜的学术、研究和创新体验。"

使命陈述示例：

"培养具有社会责任感的创新型管理者和企业未来的领导者。"

"为我国通信行业培养懂技术，懂国情，懂文化的新型通信行业人才。"

总之，成立工作组制定人才培养的愿景和使命是高校办学成功的重要组成部分。通过科学、民主的过程，我们能够确保愿景和使命既符合高校特色又符合社会期望，为高校人才培养工作提供有力指导和支持。

四、专业培养目标

专业培养目标是各级各类学校依据国家教育目的和不同类型教育的性质任务，

对受教育者的身心发展所提出的具体标准和要求。这一定义强调了培养目标与教育目的之间的紧密联系，即培养目标是教育目的的具体化，它不能脱离教育目的，而教育目的则需要通过培养目标来体现和落实。

具体来说，高校专业培养目标是根据国家的教育方针、政策以及社会经济发展的需要，结合学校自身的办学定位、专业特色和学生实际情况而制定的。它旨在明确学生在完成学业后应达到的知识、能力、素质等方面的具体要求，为学生的学习和职业发展提供明确的方向和指引。

关于高校专业培养目标的出处，可以追溯到多个权威性的教育文件和政策法规中。例如，我国在不同历史时期都制定了相应的教育政策文件，对高校的培养目标进行了明确的规定。这些文件不仅强调了对学生专业知识、技能和素质的培养要求，还注重对学生思想道德、创新精神和实践能力的培养。

此外，随着教育改革的不断深入和高等教育的发展，高校专业培养目标也在不断调整和完善。各高校会根据自身的办学特色和实际情况，结合社会经济发展的需要，制定更加具体、科学、合理的专业培养目标，以更好地适应时代的发展和社会的需求。

高校专业培养目标是高校教育工作的重要组成部分，它对于明确学生发展方向、提高教育质量、促进学生全面发展具有重要意义。

我们在这里探讨的我国高校专业培养目标是指学生在经过高校分院、系、部的培养后，毕业进入社会所应达到的专业水平。这一目标由教师、行业代表、校友和其他利益相关者深入协作共同制定，为分院、系、部的人才培养提供了清晰、具体的愿景，确保毕业生能够契合行业和社会的需求。

专业培养目标详细描绘了毕业生在完成大学学业后应达到的专业水平，为高校专业人才培养指明了方向。通过明确专业培养目标，高校能够培养出在职业领域中出类拔萃的毕业生，并为专业领域的发展作出卓越贡献。

（一）专业培养目标的重要性

一个有效的专业培养目标应当具备五大特性：具体性、可衡量性、可实现性、相关性、时效性。在设定目标时，我们应广泛征集教师、学生、校友、行业人员及社区成员的意见，确保目标的广泛认同和切实可行。同时，我们应定期对专业培养目标进行审查和更新，以适应不断变化的社会和行业需求。

在实践中，专业培养目标发挥着至关重要的作用，它指引着课程设计、学科建设和其他教育活动的方向。这些目标确保毕业生在求职时具备扎实的专业知识、熟练的技能和优良的品德，为他们在未来的职业生涯中为社会和用人单位作出积极贡献奠定坚实基础。

专业培养目标也是分院、系、部人才培养工作持续改进的动力源泉。通过对培养目标的定期评估和衡量，我们可以及时发现存在的问题和不足，进而调整和优化培养方案，确保人才培养目标的顺利实现。

明确且可衡量的专业培养目标有助于提升分院、系、部在社会相关行业中的影响力。我们可以赢得他们的信任和支持，从而提高分院、系、部在行业内的知名度和美誉度。

（二）专业培养目标与专业培养成果

专业培养目标和专业培养成果紧密相连，尽管两者在文字表述上相似，但它们各自承载着不同的使命，共同构成了高校 OBE 理念的重要支柱。

专业培养成果具体描述了学生在完成课程学习后应达到的知识、技能以及思想道德等方面的要求。这些成果指标是由高校教师、行业代表、校友和其他利益相关者共同商讨确定的，旨在确保学生在专业课程学习中能够切实实现这些预期目标。通过不断完善课程培养方案，分院、系、部能够帮助学生逐步达成这些成果指标，从而确保培养出的学生与行业、社会的需求紧密契合。

专业培养目标则侧重于描述毕业生在离开学校后，未来几年内所期望达到的专业成就和职业高度。这些目标同样是通过高校教师、行业代表、校友和其他利益相关者共同协作整合而出的，旨在为专业课程提供明确的指导方向，确保课程内容与行业和社会的需求保持高度一致。通过锚定专业培养目标，我们不仅能够培养出满足未来企事业单位需求的学生，还能确保他们在各自的领域作出积极的贡献。

综上所述，专业培养成果侧重于学生在校期间的具体学习成效，而专业培养目标则关注学生毕业后在职业生涯中所能取得的专业成就。两者相辅相成，共同构成了高校人才培养的完整体系，为培养出优秀的人才奠定了坚实的基础。

（三）有效的专业培养目标

为制定更具实效性的专业培养目标，我们需要从多个维度深入考量，确保这些目标能够全面满足包括学生、企业、校友和教师等所有利益相关者的需求。以下是制定有效专业培养目标的五个关键步骤：

步骤一，我们需要高度重视利益相关者的参与度。在确立专业培养目标的过程中，我们务必邀请高校专业教师、行业内的企事业单位代表、校友及学生等核心利益相关者共同参与协商。这不仅能确保专业培养目标与行业和社会的需求紧密契合，还能充分反映当前及未来高校学生的真实需求。

步骤二，专业培养目标必须具体且可衡量。我们应避免使用过于笼统或抽象的概念词汇，而是要明确描述学生在毕业后几年内应达到的具体成就。这些目标应涵盖毕业生在职业生涯中所需的专业知识、实践能力和道德素养等方面，确保学生在完成学业后能够顺利融入社会并贡献自己的力量。

步骤三，保持一致性至关重要。专业培养目标应与高校及分院、系、部的愿景和使命保持高度一致，同时与行业和社会需求紧密相连。这有助于凸显该专业在人才培养方面的独特优势，并为满足行业和社会不断变化的需求奠定坚实基础。

步骤四，还需要保持目标的灵活性。尽管专业培养目标需要具体、明确，但我们也必须随着行业和社会的变化而调整。因此，我们应定期审查和更新这些目标，确保它们始终与时俱进并与分院、系、部的人才培养策略保持一致。

步骤五，务实性也不可忽视。在制定专业培养目标时，我们必须充分考虑高校和分院、系、部的实际资源和能力，确保目标既具有挑战性又具备可行性。

遵循以上步骤，高校分院、系、部将能够设计出既符合行业需求又贴近学生实际的专业培养目标。

（1）关键部分

①能力。

专业培养目标应明确列出学生毕业后所应具备的核心能力。这些能力不仅要与分院、系、部的愿景、使命和目标高度契合，更应精准反映行业和社会的现实需求，确保毕业生在职场中具备竞争优势。

②知识。

专业培养目标应详细规定学生毕业后应掌握的专业知识。这些知识应紧密结合专业课程，确保学生在完成学业后具备扎实的理论基础。

③态度和价值观。

专业培养目标应注重培养学生的积极生活态度和正确价值观。这应包括道德观念、职业操守，以及对终身学习和职业的深刻理解。通过对学生进行正确的态度和价值观的引导，帮助学生塑造健全的人格，为未来的职业生涯奠定坚实基础。

④职业目标。

专业培养目标应引导学生明确自己的职业理想。这包括确定学生毕业后拟从事的职业领域，以及在这些领域要取得成功所需的具体技能、知识和能力。

综上所述，有效的专业培养目标应全面、具体且可衡量，与高校的愿景、使命及分院、系、部的教学目标紧密相连，同时紧密贴合行业和社会的实际需求。学生在入学之初就明确这些目标，将有助于他们在学习过程中更好地规划自己的发展方向，确保毕业后能够顺利融入社会。

（2）案例研究

案例一

T大学的电气与计算机工程学院在制定专业培养目标时，着眼于为毕业生在工业界、学术界和政府机构中铺就成功之路。其目标核心不仅在于技术和专业技能的锤炼，更在于对终身学习和职业发展的不懈追求。事实胜于雄辩，T大学的电气与计算机工程学院毕业生受到了业界的广泛赞誉，他们在各行各业中展现出卓越的职业素养和能力，成为行业的佼佼者。

T大学的电气与计算机工程学院为其每个细分专业制定了具体而明确的专业培养目标。以下是电气与计算机工程学院部分细分专业的专业培养目标：

毕业生将在工业界、政府或学术界的职业生涯中取得成功，并将展示良好的领导力、优秀的道德并保持终身学习。

毕业生将能够设计、分析和实施复杂的电气和计算机系统，并将具备解决该领域新兴挑战所需的专业技术和分析技能。

毕业生将能够在跨学科团队中有效工作，与工作各方进行有效沟通，并表现出思维的多样性、办事公平性和对同事的包容性。

这些专业培养目标都强调发展技术和专业技能，以及终身学习。通过专注于这些核心能力，T大学的电气与计算机工程学院的学生已做好准备，为成为各个行业的优秀人才和为社会作出贡献做好了充分的准备。

案例二：

Z大学机械工程学院的专业培养目标是打造行业、政府和学术界的创新型人才。这一目标不仅强调学生技术和专业技能的提升，还注重团队协作和高效沟通能力的培养。正因如此，Z大学机械工程学院的毕业生在航空航天、汽车、能源等多个领域均取得了骄人的成绩。

Z大学机械工程学院制定的专业培养目标具有鲜明的针对性和实用性。以下是机械工程学院的部分专业的专业培养目标：

毕业生将能够应用机械工程原理解决多个实际工作中的复杂问题，并具备应对该领域新兴挑战所需的专业技术和分析技能。

毕业生将能够在跨学科团队中进行高效的工作，保持良好的沟通性。

毕业生能够将道德原则应用到自己的工作中，并保持终身学习的习惯。

这些专业培养目标强调了行业技术和专业技能，以及工作效率和沟通能力。通过专注于这些核心能力，Z大学机械工程学院的毕业生多数成为各个行业的优秀人才，并为社会作出较大贡献。

可见有效的专业培养目标至关重要。面对快速变化的就业市场，这些目标能够帮助学生清晰认识到未来所需的技能、知识和能力，为他们的社会角色的转变提供了有力支持。

（四）专业培养目标实用策略

在本节中，我们将深入探讨设计有效的、与课程紧密衔接且科学合理的专业培养目标的实用策略。

（1）成立专业培养目标工作组

专业培养目标工作组应展现多样性和包容性，汇聚教职员工、行业专家、校友、在校学生及机构代表等各方代表,共同为制定全面、精准的专业培养目标贡献力量。每位成员均以其独特的视角和专长提供宝贵的见解和建议。

在确定工作组成员时,需综合考虑高校分院、系、部的规模与复杂性。一般而言,8～12人的规模既能确保观点的多样性,又便于工作组在决策过程中保持高效与灵活。

教职员工作为专业培养目标工作组的核心成员,其深厚的专业知识和对学生毕业后所需技能的深刻理解,为工作组的决策提供了坚实的基础。行业专家则以其丰富的实践经验和对市场需求的敏锐洞察,为工作组提供了宝贵的建议。在校学生和校友的参与,使得工作组能够更直接地了解项目的实际运行效果,从而提出更具针对性的改进建议。

专业培养目标工作组应紧扣高校分院、系、部的愿景与使命,制定与之相契合的专业培养目标。通过深入分析和讨论,工作组应确保所制定的目标既符合利益相关者的需求,又具备高度的可实现性。通过工作组的协同努力,我们将为学生打造一份既科学又实用的专业培养目标,为其未来的职业发展奠定坚实的基础。

(2) 专业培养目标的创建过程

创建有效的专业培养目标是高校实施基于 OBE 的人才培养模式的关键。专业培养目标为课程和学习成果与行业、社会和其他利益相关者的需求对接提供了清晰的框架。

在这一过程中,校友的参与显得尤为重要。他们作为连接学校与社会的桥梁,能够为学校提供宝贵的反馈,帮助学校了解毕业生在职业生涯中所需的核心知识、技能。通过问卷调查等方式,我们收集了校友们在工作中的实际体验与需求,进而为专业培养目标的制定提供了有力的数据支撑。

在收集到足够的数据后,我们会对这些信息进行深入的分析与整理。基于这些分析结果,专业培养目标工作组将综合各方意见,制定出一套既符合行业需求又体现学校特色的专业培养目标。

作者在对高校学生处、招生就业办公室和校友会进行调查的基础上编写了一份调查问卷,详见《附录七:高校校友工作能力匹配度调查问卷》。

这里以某高校的计算机科学与技术专业为例。校友调查显示,大多数毕业生从事软件开发工作。根据这些信息，专业培养目标工作组确定了软件开发工作所需的最重要的知识、技能，如编程技能、沟通能力、团队合作和适应能力等。专业培养目标主要包括：

毕业生将具备扎实的编程技能。

毕业生将能够在团队中有效工作。

毕业生将能够适应不断变化的行业发展技术水平和环境。

第四章 ◆

高校专业培养成果

专业培养成果，是对学生在完成高校和分院、系、部专业课程后所具备的能力及所能胜任的工作的具体描述，它详尽地展示了学生在完成课程学习后应掌握的知识和具备的能力和素质。学术界对这一成果称呼众多，本书在研究过程中，作者汲取了中外学术界的精华，统一采用"专业培养成果"这一称谓。

专业培养成果不仅可以指导专业课程大纲的开发，还可以用于衡量学生的学习效果和课程的有效性。专业培养成果的认定是一个多元主体共同参与、协作完成的过程。其中包括明确专业课程的使命和目标、审查行业标准和实践经验，以及界定学生应掌握的知识和具备的能力和素质。专业培养成果为学习成果、评估及其他课程组件的开发提供了有力的推动。例如，在设计专业课程时，我们确保其内容与专业培养成果保持高度一致，并通过评估手段来衡量学生对专业培养成果的掌握程度。

一、专业培养成果发展历程

专业培养成果的诞生可追溯至20世纪初，那时工业化浪潮与生产技术革新催生了对熟练工人的迫切需求，进而推动了职业和技术教育课程的蓬勃发展。这些课程旨在培养具备专业技能的劳动力，以满足社会对于高效、专业工人的渴求。

随着时代的演进，专业培养成果的概念在20世纪60年代的高等教育中逐渐发展壮大，成为衡量教育课程质量的重要尺度。到了20世纪80年代，OBE理念的兴起进一步巩固了专业培养成果在教育体系中的核心地位。

自此，专业培养成果不仅成为高等教育不可或缺的一环，更广泛应用于高校专业课程的认证与评估中。例如，美国工程与技术认证委员会（Accreditation Board for Engineering and Technology，ABET）自1997年起便明确要求工程课程认证中必须体现专业培养成果。此外，其他认证机构如美国商学院和课程认证委员会（Accreditation Council for Business Schools and Programs，ACBSP）以及美国护理教育认证委员会（Accreditation Commission for Education in Nursing，ACEN）也均将专业培养成果纳入其认证流程中。我国从20世纪90年代引入专业培养成果概念，并逐渐在全国高校中探索使用，并取得了很好的成效。

我国的工程教育专业认证始于2006年。工程教育专业认证的目标是构建我国工程教育的质量监控体系，推进我国工程教育改革，进一步提高工程教育质量；建立与注册工程师制度相衔接的工程教育专业认证体系，构建工程教育与企业界的联系机制，增强工程教育人才培养对产业发展的适应性；促进我国工程教育的国际互认，提升国际竞争力。其意义在于通过工程教育专业认证，促使我国工程教育与国际接轨，实现国际互认，提升国内培养的工程师在国际竞争中的竞争力，提升国内工程教育在国际上的地位和影响。我们通常对高校从专业目标、课程体系、师资队伍、支持条件、学生发展、管理制度、质量评价等七项专业认证标准进行实地考查，最终给出认证意见。

如今，专业培养成果在高等教育中的应用已成常态，它不仅是衡量教育计划有效性的关键工具，更是推动高等教育质量持续提升的重要动力。

专业培养成果起源至今时间表：

20世纪初

- 20年代：美国一些高校开始对传统的学科教育模式进行反思，认为这种模式过于注重学科知识的传授，而忽视了学生的综合能力培养。
- 1932年：美国工程与技术认证委员会发布首个工程专业ABET标准，首次提出工程专业毕业生应具备的十二项基本能力，这标志着专业培养成果概念的正式形成。

20 世纪 50—80 年代
- 50 年代：美国教育部开始资助高校进行工程教育改革，专业培养成果的概念开始广泛应用。
- 60 年代：美国工程与技术认证委员会（ABET）发布工程专业、计算机专业等多个专业的专业培养成果标准，对专业培养成果的制定和实施进行了规范。
- 70 年代：专业培养成果的概念在全球范围内得到广泛应用。

20 世纪 90 年代至今
- 90 年代：专业培养成果的概念引入我国。
- 2000 年前后：我国高校开始尝试制定专业培养成果标准。
- 2007 年：我国教育部颁布《普通高等学校本科专业设置办法》，明确提出高等学校要根据人才培养目标，制定专业培养成果。
- 2010—2024 年：我国高校积极探索专业培养成果的应用模式，取得了显著成效。

可见，专业培养成果的使用并不局限于特定国家，并且已在全球范围内开展实施。许多国家和机构通过采用专业培养成果，保证其教育计划满足其具体目标。联合国教育、科学及文化组织和经济合作与发展组织等国际组织一直致力于推广专业培养成果和基于能力的教育。澳大利亚、加拿大、英国和美国等国家一直走在高等教育中实施专业培养成果的最前沿，其他国家也纷纷效仿。

二、专业培养成果的重要性

专业培养成果，作为学生在完成特定专业学习后所掌握的知识和具备的能力和素质的综合体现，是衡量专业教育质量的关键指标。它确保学生在就业前已做好充分准备，并掌握了在特定领域所需的技能和知识，有效弥合了高等教育与就业市场之间的鸿沟。不同专业的性质决定了其培养成果的差异性。例如，理工类专业注重技术技能的培养，如设计与分析，同时也不忽视沟通协作等技能的培养；而人文社会学科则侧重于批判性思维、文化素养及书面沟通能力的培养。

专业培养成果主要包括知识、能力和素质三大方面。知识，是指学生在课程学习中获得的认识和经验的总和；能力，则体现在学生的实际操作能力和解决问题的能力上；素质，则是指学生在高校学习期间逐渐形成的价值观、道德原则和信念。这些成果的具体内容需结合专业目标、行业需求及利益相关者的期望来制定，并应随着社会和行业的变迁而不断更新，以保持其时效性和相关性。

结合 OBE 理念，专业培养成果对我国高校人才培养体系的重要性越发凸显，主要体现在以下四个方面。

- 明确人才培养目标，提高人才培养质量。

传统的教学模式往往注重学科知识的传授，而忽视了学生能力和素质的培养。专业培养成果的制定和实施，可以帮助高校明确人才培养目标，将人才培养目标具体化、细化，并以可衡量的指标进行评价，从而提高人才培养质量。

- 加强教学过程管理，提高教学质量。

专业培养成果可以作为评价课程教学目标的依据，指导课程教学的实施。传统的教学模式往往缺乏系统的教学设计和评价体系。高校将专业培养成果的要求分解到各个课程中，并进行系统评价，可以提高教学效果。

- 促进毕业生就业，提高毕业生竞争力。

专业培养成果反映了社会对人才的需求，可以帮助高校培养符合社会需求的人才。传统的教学模式往往难以满足社会需求，导致毕业生就业困难。专业培养成果的制定和实施，可以帮助高校培养符合社会需求的人才，提高毕业生的就业竞争力。

- 推动高等教育教学改革，提高高等教育质量。

专业培养成果的制定和实施，需要高校各部门的共同努力，从而可以促使高校进行教学改革，提高高等教育质量。

此外，专业培养成果还具有以下三个重要意义：

- 有利于促进学生的全面发展；
- 有利于加强毕业生与社会需求的衔接；
- 有利于促进国际工程教育交流与合作。

专业培养成果的理念，时刻提醒高校需以学生为中心，构建更为精细化、具体化的人才培养目标，并借助可衡量的指标进行科学评价，从而切实提升人才培养的整体质量。

专业培养成果不仅为高等教育教学改革指明了方向，更是提升人才培养质量的关键所在。高校应深刻认识到其重要性，积极制定并落实相关策略，不断完善人才培养体系，为社会输送更多优秀、全面发展的人才。展望未来，专业培养成果将在高等教育教学改革中发挥更加关键的作用，为推动人才培养质量的持续提升作出更大贡献。

三、有效的专业培养成果

在定义专业培养成果的过程中，我们需按照以下九个步骤进行：

第一，明确项目的使命宣言。这一宣言应准确、清晰地阐述项目的核心理念、目标受众以及预期达成的成果，为整个项目奠定坚实的基础。

第二，仔细审查课程要求和课程表。通过对课程内容的深入了解和课程结构的梳理，我们能够更好地把握教学的重点和方向。

第三，明确目标受众。我们需要精准地定位每个学生，并深入探究他们在毕业后应具备的知识、技能，以便为他们提供有针对性的培养方案。

第四，设定课程目标。这些目标应体现课程的核心价值，与使命宣言保持高度一致，并且应以具体、可衡量、可实现、相关且有时限的方式呈现，以便我们能够清晰地评估学生的学习进展和成果。

第五，确定关键知识、技能和态度（Knowledge Skill Attitude，KSA）。这是专业培养成果的重要组成部分，它涵盖了学生所必需的核心要素，是我们制定学习成果的重要依据。

第六，起草学习成果。在起草过程中，我们需要确保学习成果清晰明确，与课程使命、目标和态度紧密契合，能够真实反映学生的学习效果和水平。

第七，我们还需要根据利益相关者和专家的反馈对学习成果进行修改和完善。这是一个不断优化、迭代的过程，旨在使学习成果更加符合实际需求和期望。

第八，实施和监控学习成果同样重要。我们需要将学习成果付诸实践，并密切关注其实现进度。通过收集和分析数据，我们可以及时发现问题并进行必要的调整和改进。

第九，持续改进学习成果是关键。随着课程内容的更新、行业趋势的变化以及利益相关者反馈信息的收集，我们需要不断将学习成果进行更新和优化，以确保其始终与时俱进。

通过以上步骤的精心设计和实施，我们能够制定出与课程使命和目标高度一致且能够真实反映学生所需知识、技能和态度的有效学习成果。这将为学生的全面发展提供有力支撑，也为高校人才培养质量的提升奠定坚实基础。

（一）专业培养成果工作组

高校各分院、系、部应积极整合资源，成立专门的专业培养成果工作组，以便更好地推动人才培养工作的深入开展。工作组可采取以下七个步骤设计专业培养成果：

第一，明确利益相关者。我们需要确定参与专业培养成果制定和设计专业培养成果的关键人物，包括高校管理层代表、政府教育部门的成员、教职员工、学生代表、行业专家、校友以及社会其他相关从业人员。他们的意见将为专业培养成果的制定提供宝贵的参考。

第二，清晰界定工作组的角色与职责。每位工作组成员都应明确自己的角色定位，这样，每位成员都能充分发挥自己的专长，为专业培养成果的制定贡献智慧。

第三，设定详细的时间表。为确保专业培养成果制定流程的顺利进行，我们应设定明确的时间表，包括工作的开始时间、关键节点的截止日期以及定期的检查时间点等。这将有助于工作组把握工作进度，确保各项任务能够按时完成。

第四，根据高校分院、系、部的目标和使命，明确专业培养成果的范围。这将有助于工作组更加精准地定义与分院、系、部最相关且最具有针对性的专业培养成果。

第五，在明确范围的基础上，进一步识别专业培养成果的组成部分。这包括毕业生在完成学业后应掌握的核心知识和具备的关键能力以及综合素质等。通过对这些组成部分的深入剖析，我们能够更加全面地了解专业培养成果的内涵。

第六，根据以上步骤确定的组成部分，确定专业培养成果的具体内容。在此过程中，工作组成员应保持与利益相关者的密切沟通与协商，确保专业培养成果既符合高校分院、系、部的目标和使命，又能满足社会的实际需求。

第七，定期评估与修订专业培养成果。我们需要密切关注高校、社会以及企业的变化趋势，确保专业培养成果始终与实际需求保持一致。同时，根据分院、系、部的目标变化、行业发展趋势或利益相关者的反馈意见，我们应及时对专业培养成果进行修订和完善。

（二）专业培养成果案例

Z 大学电气工程学院电气工程及其自动化专业：

Z 大学电气工程及其自动化专业，作为该校的传统优势与特色专业，自 2010 年获得我国工程教育专业认证以来，始终保持着认证状态，致力于培养具备扎实知识和卓越能力的人才。专业培养成果的运用，一直是该分院人才培养工作的重中之重。

2020 年，电气工程及其自动化专业迎来了课程与成果的全面升级。由教职员工、行业精英和杰出校友共同组成的工作组，肩负起审查和更新专业培养成果的重任。经过深入调研与细致分析，工作组确定了毕业生所需的关键知识、能力和素质。

其专业培养成果分为七大类别，涵盖技术知识、沟通能力、团队合作、职业道德、专业发展、全球意识和终身学习。针对每个类别，工作组明确了具体的知识、能力和素质要求，并将其精准映射到专业课程中。这种映射确保了课程内容与行业需求的高度契合，为学生提供了充分发展能力的机会。

为了评估专业培养成果的有效性，分院建立了一套完善的评估系统。分院通过向校友和企业发放调查问卷，收集毕业生在工作场所的实际表现反馈；同时，通过考试、项目实践等多种方式，全面评估学生在知识、能力和素质方面的成长。这些评估结果为人才培养计划的优化和课程改进提供了有力支持。

电气工程及其自动化专业在实施专业培养成果方面取得了显著成效。专业教育与行业需求的紧密结合，确保了毕业生能够迅速适应职场环境，为未来的职业生涯作好充分准备。专业培养成果的实施,已成为该专业持续领先的关键因素。

以下是 Z 大学电气工程及其自动化专业的专业培养成果:

毕业生能够运用工程、科学和数学原理,解决复杂的工程问题;能够提出满足特定需求的解决方案,并充分考虑公共健康、安全和福利等因素;能够与各种受众有效沟通,具备在工程情境中识别并正确判断伦理和专业责任的能力;能够在团队中发挥关键作用,展现领导力,设定目标并推动实现;能够开展实验、分析数据并得出结论;能够持续学习新知识,适应不断变化的技术环境。

2020 年,Z 大学电气工程学院对电气工程及其自动化专业的培养成果进行了更新。这一更新不仅继承了学校的优良传统,更凸显了学院的办学特色。通过这一更新,分院成功培养了一批批高素质、综合性的电气专业人才,为"卓越工程师培养计划"的实施注入了强大动力。在建设世界一流大学的征程中,Z 大学电气工程及其自动化专业以其一流的专业建设成果,彰显了学校的卓越实力与影响力。

第五章

课程成果

课程成果，作为 OBE 不可或缺的一环，其历史可追溯至 20 世纪 70 年代的教育理论探索期，彼时，教育先驱们已开始倡导为课程体系设立清晰、具体的学习目标，并强调这些目标需与整体项目及高校层面的愿景紧密相连。这一理念奠定了课程成果在教育领域中的基石地位，历经数十年发展，其重要性日益凸显。

在欧美，课程成果的普及与应用尤为显著，这要归功于认证机构的积极推动，如美国工程技术认证委员会自 20 世纪 90 年代起便明确要求工程项目明确其课程成果。此举不仅促使课程成果在工程界深入人心，更逐渐扩展到商业、健康科学、教育等多个领域，成为课程设计、实施与评估的标准环节。

在我国，随着专业培养成果理念的引入，教育部及认证委员会亦对课程成果给予了高度重视。各高等学府积极响应，将强化课程成果作为提升人才培养质量的关键举措，这一转变对于我国高等教育的发展具有深远意义。

课程成果的广泛应用，还得益于高等教育领域更广泛趋势的驱动，OBE 理念的深入人心，以及对教育成果问责与评估机制的日益重视。通过课程成果，我们能够确保专业课程内容与人才培养目标的高度契合，进而基于这些成果构建教学框架，实现对学生学习成效的精准评估与课程设计的持续优化。

教学大纲是课程设计的基础，它详细规划了课程的目标、内容、教学方法、评估方式等，而课程成果则是教学大纲实施后学生所达到的学习效果和目标的实现情况。两者相辅相成，共同推动教学质量的提升和学生学习目标的实现。教师需要不断地根据课程成果来评估和调整教学大纲，以确保教学活动能够有效地促进学生的学习和发展。课程成果与专业培养成果相辅相成，共同指向人才培养的总体目标。课程成果聚焦于学生在特定课程中所获得的知识、技能和能力，是课程设计的核心要素。

在构建课程成果时，我们不仅要考虑学生的学习需求，还需融入企业、认证机构和其他利益相关者的期望。这要求分院、系、部专业负责人与课程教师，以及行业专家、企业等利益相关者紧密合作，共同制定与课程内容和目标高度一致的成果标准。同时，课程成果需要定期审视与更新，以确保其与时俱进，满足不断变化的行业需求。

这里的关键在于我们应理解课程成果与学习成果之间的微妙差异与紧密联系。课程成果聚焦于学生在特定课程结束时应具体掌握的知识和具备的技能，这些成果通常由高校教师或课程开发人员精准定义，以确保它们与专业培养目标及课程的核心目标相吻合。

相比之下，学习成果则更广泛地反映了学生通过整个教育经历所期望达到的目标。这些目标通常由高校的分院、系、部的专业课程和教学宗旨而制定，旨在为学生的课程学习和整体发展提供明确的方向。学习成果更注重学生在教育过程中应获得的通用技能和知识，它们不局限于某一课程，而是贯穿学生的整个学习生涯。

尽管课程成果和学习成果在内涵上有所不同，但两者紧密相连，共同构成了学生全面发展的基石。课程成果为学习成果的实现提供了具体的路径和支撑，而学习成果则为学生整体教育目标的实现提供了宏观的指导和方向。在人才培养的过程中，我们应充分理解和利用这两者的关系，以确保学生能够在课程中获得实质性的成长，并最终实现更广泛的学习目标。

课程成果的运用不仅是教育方法的革新体现，更是以学生为中心、成果为导向的教育理念的生动实践。它促使我们更加关注学生的学习成效，通过明确定义与衡量具体学习目标，确保每位学生在完成课程后都能真正掌握关键知识与技能，为其未来的职业生涯奠定坚实的基础。

一、课程教学分类框架

课程教学分类框架是根据一定的教育目标、学科特点和教学需求，将课程内容进行系统化、结构化的分类和组织，以形成具有内在逻辑关系和层次结构的课程体系。这个框架不仅关注课程内容的分类，还注重教学方法、评价方式等方面的整体设计。

在高等教育领域，教学分类框架的巧妙运用成为教师设计专业课程的关键。这一框架通过组织学习、设定明确目标和实施精准测评来构建教学蓝图，深刻影响了知识传授与认知能力培养的双重核心。以下我们就从学习、目标和测评的具体类别来解析课程教学分类框架内容。

- 学习分类的层次化组织

在教学分类框架的指导下，教师能够系统地将学习内容进行分层，从基础知识到高阶思维，层层递进。布卢姆分类法等教育理论的融入，使得教师能够引导学生逐步深化对课程内容的理解，从简单的记忆到复杂的分析、评价乃至创新应用，确保学习路径既深且广。这一过程中，学生不仅掌握了知识，更在认知层面实现了质的飞跃。

- 目标设定的具体与明确

框架助力教师设定清晰、具体的学习目标，这些目标不仅是对课程内容的精练概括，更是对学生学习成果的直观反映。通过将目标与课程进程等级相匹配，教师能够确保教学活动的全面性和系统性，既强化学生的基础认知，又激发其批判性思维、问题解决等高级技能的发展。目标的明确性为学生提供了明确的学习方向，也为教师的教学评估提供了重要依据。

- 测评方法的恰当匹配

在测评环节，教学分类框架确保了评估工具与认知过程的紧密对应。针对不同层级的学习内容，采用相应的测量与评估方法，如记忆层面的简单回忆、分析层面的深入剖析等，有效反映了学生的学习成效。这种精准匹配不仅提升了评估的准确性，还为教师提供了详尽的反馈，有助于及时发现并解决学生在学习过程中遇到的问题，进而优化教学策略。

教学分类框架为教师提供了一个系统性的方法来组织、调整和优化课程的教学与测评。它确保了专业课程的学习是一个全面且渐进的过程，同时也为衡量学生的学习成果提供了有效工具。

从框架内涵的层面，教学分类框架的两大核心组件是知识和认知。

知识是人类对客观世界所蕴含的信息、普遍规律及实践经验的提炼与归纳，它映射了客观事物的本质。教学分类框架内，知识组件特指那些经由教学预设并旨在让学生习得的具体信息、确凿事实、核心概念或实践技能，它们构成了教学中的核心内容，学生需要深入理解与掌握。知识组件通常以名词形式展现，明确界定了学生通过教师课程教学而应达到的认知广度与深度。

知识组件的典型实例有：某一学科领域内关键概念的深度剖析，学生对具体理论与模型的掌握，学生对重大历史事件及标志性作品的深刻认识，以及技术技能与工具的精通运用。

认知指学生在获取知识、应用知识以及在信息处理过程中所涉及的心理活动与行为模式，它是情感、情绪反应以及意志努力的基础。在教学分类框架下，认知组件强调的是学生在教学过程中主观的思维活动和具体的实践行为，它们体现了学生的认知能力和技能水平。认知组件通常以动词形式表述，刻画了学生在掌握知识基础上所能实施的具体行动。

认知组件的典型实例有：学生对数据与信息的细致分析与精准评估，学生将理论知识或概念应用于解决实际问题，学生对各类论点与观点进行批判性审视，以及个人见解与研究成果的展现。

通过将知识与认知的内涵紧密结合，我们能够构建多样化的表达方式，以精确阐述学生的学习目标和课程成果的预期成就。这一融合不仅覆盖了学生应掌握的核心知识体系，还彰显了其在学习过程中应展现的认知技能。此种综合性的描述策略，为教师课程教学提供了更加清晰的教学分类框架，促进了对学生学习成效的全面评估。

在具体操作中，通过巧妙搭配动作动词（认知过程）与名词（知识或内容领域），可以形成一系列表达精确的词组，每个词组均指向特定的认知层次与知识领域的结合。例如，"分析概念""评估论据"等词组，即展示了在高级认知水平上，将分析或评估等能力应用于特定知识领域（如概念或论据）的实践场景。

词组构建为教师提供了将认知过程与知识领域紧密联系的实用工具。教师可根据课程目标与具体教学环境，灵活选择适配的动作动词与知识领域进行组合，进而指导学习活动的设计、教学评估的实施以及教学计划的制订，以促进教学质量与学生能力的同步提升。

组合词组对课程教学的展开具有重要作用，具体体现在以下五个方面。

- 深化认知过程（以动作动词为核心）

组合词组巧妙地融入了多维度的认知过程，涵盖记忆、理解、应用、分析、评估以及创造等层次分明的动作动词。这些动词不仅标志着学生在知识获取与内化过程中不同深度的参与，而且揭示了学习活动中心理机制的复杂性与动态性，促进了学习从浅层向深层的递进。

- 明确知识领域（以名词为载体）

组合词组中的知识领域元素，精确界定了学生在课程学习中所探索的具体学科范畴或内容领域，包括概念体系、基本原理、事实数据、操作程序、理论体系、模型建构及论证逻辑等。这些领域为认知过程的实施提供了丰富而具体的背景支撑，使得学习过程更加聚焦且富有成效。

- 构建认知过程与知识领域的桥梁

通过精心挑选并组合认知过程与知识领域的特定元素，教师能够精准对接课程教学目标和具体教学环境，实现二者的高度契合。这不仅增强了课程内容的认知挑战性，还显著提升了学习活动对于知识应用实践的针对性与有效性，促进了学生深度学习的发生。

- 指导高效教学设计

组合词组作为教师进行教学设计的有效工具，能够确保学习目标与预期的认知成果及知识领域紧密关联。通过运用组合词组策略，教师可以构建出结构清晰、目标明确的课程蓝图，设计出既符合学生认知发展规律又贴近学科实质的课程任务，并筛选出能够高效推动学习进程的教学策略，进而优化整体教学效果。

- 丰富学习体验

组合词组通过联结认知过程与知识领域，帮助教师设计富有意义且具有影响力的学习情境的框架。它促使教师在深刻理解知识本质的基础上，更加注重教学过程中的思维激发与时机把握，旨在培养学生在复杂学习环境中灵活应对、主动探索与深度思考的能力，进而推动学习成效的全面提升。

综上所述，课程教学分类框架在高校人才培养中发挥着重要作用。它为教师提供了系统的教学方法和评估工具，有助于确保学生的学习过程是全面、渐进和可衡量的。同时，通过结合知识和认知的内涵，我们可以更清晰地描述学生的学习目标和预期成果，为高校人才培养提供有力支持。

二、课程成果与布卢姆分类法

布卢姆分类法，作为一种系统化的教育目标分类框架，源自美国杰出的教育心理学家本杰明·布卢姆（Benjamin Bloom）于1956年的开创性工作。此法最初聚焦于认知领域的目标细分，但随着时间的推移，其应用范围被显著拓宽，现已涵盖情感与技能两大领域，形成了一个全面的教育目标分类体系。

在布卢姆等人的研究中，分类系统不仅深化了对教学目标的理解，还促进了教学实践的精细化与科学化。具体而言，教育目标被明确划分为三个核心领域：认知领域、情感领域以及动作技能领域。这一分类方式不仅为教育者设定清晰的教学目标提供了指导框架，也为评估学生学习成效、优化教学策略提供了有力的理论支撑。

认知领域目标：

认知领域目标是指认知的结果，包括记忆、理解、应用、分析、综合和评价等六级水平（见表5-1）。

表5-1 认知领域目标

认知领域	含义	举例
记忆	所获得的实际信息	回忆、说出、写出等 知道牛顿定律
理解	把握知识的意义	转化、解释、改写等 用自己的话解释牛顿定律

续表

认知领域	含义	举例
应用	知识应用于新情境	计算、模拟、演示应用等 在生活中应用牛顿定律
分析	知识分解，找联系	要素的分析（如一篇论文由几个部分构成） 关系的分析（如因果关系分析） 组织原理的分析（如语法结构分析） 分析教材中关于牛顿定律的实验步骤和原理
综合	零碎知识整合成系统知识，强调创造能力	编写，设计等 自己设计一个实验程序验证牛顿定律
评价	对材料作价值判断	说出……的价值、评定；证明等 根据实验仪器的精确度和数据的误差判定实验结果的准确度

情感领域目标（见表 5-2）：

表 5-2　情感领域目标

情感领域	含义	举例
接受	愿意注意某事或活动	注意、觉察（听马克思主义课程）如课堂活动、教科书、文体活动等
反应	主动参与活动，获得满足	兴趣（主动阅读其他有关马克思主义的著作） 表现出默认的反应（如自愿阅读规定范围外的材料）、自愿反应（自愿阅读未指定的教材）、满足反应（为满足兴趣或享受而阅读）
评价	对知识做态度和信念上的正面肯定，价值化	态度、欣赏（信仰马克思主义，形成为实现共产主义献身的思想） 接受较简单的价值标准（如希望提高小组的技能）；偏爱某种价值标准（如喜爱所学内容）；
组织	不同价值观组合，价值体系化	人生哲学（为使自己对社会主义有更大贡献而设计自己的计划和安排）
个性化	自己同一的价值观始终如一的人生哲学无意识的心向	品德（一名具有党性的共产党员，总是根据人民的利益和党的利益而决定自己的行为）

动作技能领域目标：

动作技能领域目标是指预期教学后学生在动作技能方面所应达到的目标，它包含知觉、模仿、操作、准确、连贯、习惯化等层次（见表 5-3）。

表 5-3 动作技能领域目标

动作技能领域	含义	举例
知觉	通过感官，对动作等的意识能力	观看乒乓球的演示
模仿	学生重复被演示的动作	在观看乒乓球拍球的录像之后，能以一定的精确度来演示这一动作
操作	学生独立操作	在进行一段时间的练习之后，能在 10 级操作成绩表上达到 7 级水平
准确	错误减少到最低程度	能表演一个可以接受的乒乓球抽球动作，至少成功 75%
连贯	按规定顺序和协调要求，调整行为	流畅；协调准确而有节奏地演奏
习惯化	自动地作出动作	在乒乓球比赛中，能有效地实施抽球打击对方，准确率达 90%

与课程成果联系紧密的是布卢姆对于认知领域教学目标的分类。布卢姆在 1956 年出版的《教育目标分类学》中，首次提出了针对认知领域教学目标的分类体系。该体系由以下六个递进层次构成：

第一，记忆层次（Knowledge），关注的是学生对所学材料的记忆与复述能力。在课程教学中，教师可借助提问、背诵、记忆训练等手段，助力学生掌握基础知识和核心概念。例如，教师在课程中反复强调课文中的关键句子或公式，以强化学生的知识记忆。

第二，理解层次（Comprehension），强调的是学生对所学材料的理解与解释能力。为达成此目标，教师可运用讲解、阐释、举例等方法，帮助学生深入领会知识的含义与内在逻辑。例如，教师通过详细解读课文，引导学生把握其主旨与要点。

第三，应用层次（Application），要求学生将所学知识应用于实际问题的解决中。教师可设计练习、实验、案例分析等活动，让学生把所学知识运用在实践情境中。例如，教师通过设计模拟案例题目，促使学生运用所学解决实际问题。

第四，分析层次（Analysis），涉及学生对所学知识的分解与归类能力。在教学过程中，教师可组织讨论、探究、思考活动，或者指导学生撰写研究报告，以促进其知识的综合运用。例如，学生通过参与科学实验或社会调查，可在实际操作中运用并分析所学知识。

第五，综合层次（Synthesis），要求学生将所学知识整合并应用于新情境中。为实现这一目标，教师可布置项目任务、指导撰写研究报告等，以促进学生知识的综合运用与创新。同样，通过参与科学实验或社会调查，学生可在实践中整合并运用所学知识解决新问题。

第六，评价层次（Evaluation），关注学生对所学知识的评价与判断能力。在教学过程中，教师可组织讨论、辩论、写作等形式的课堂活动，协助学生评估知识的可信度，深入分析其逻辑性，并探究其实际应用的效果。例如，通过组织辩论赛，教师可引导学生基于所学知识进行论证与评价。

综上所述，布卢姆的认知领域教学目标分类体系包括记忆、理解、应用、分析、综合和评价六个层次。教师在课程教学过程中，应根据学生的学习需求和能力水平，有针对性地设计与实施教学活动，以促进学生在认知领域的全面发展。这些层次之间存在递进关系，学生需逐步提升自己的认知能力，不断向更高层次迈进。教师应充分发挥引导作用，促进学生的学习，培养其思维能力和创新能力，为其日后的学习和工作奠定坚实基础。这六个层次不仅代表了认知能力的逐渐提高，也体现了从记忆这一认知基础到创造这一最高层次认知能力的逐步提升过程。

布卢姆分类法在教育领域中对课程成果的规划与实施具有深远的指导意义。它不仅为教师提供了制定合理课程目标的框架，还助力设计出高效的教学活动，并确保了教学评估的有效性。

- 制定教学目标：该分类法能够指导教师根据学生的认知能力发展阶段，科学合理地设定教学目标。针对低年级学生，教师可侧重于记忆与理解层次的目标设定；而对于高年级学生，则可将目标提升至应用、分析及评估等更高层次。
- 设计教学活动：布卢姆分类法可以指导教师如何根据教学目标，设计出能够促进学生认知能力发展的教学活动。例如，针对记忆与理解层次的目标，教师可采用讲授、演示及阅读等传统教学方法；而针对应用、分析及评估层次的目标，则可采用案例分析、问题解决及辩论等更具挑战性的教学方法。
- 进行课程成果评估：布卢姆分类法可以为教师提供有效的评估工具，以检验学生的学习成果是否达到预期。对于记忆与理解层次的目标，教师可通过问答、测验等直接的评估方式；而对于应用、分析及评估层次的目标，则可通过撰写论文、完成项目等综合性评估方式来检验学生的学习成效。

教师在应用布卢姆分类法的过程中，应当注意以下几个关键点，以确保其发挥最大效用。

- 布卢姆分类法并非一成不变的僵化框架。教师应充分考虑到学生的实际情况和个体差异，灵活调整分类法的应用方式，使其更好地适应教学需求。
- 布卢姆分类法主要聚焦于认知领域的教学目标。然而，教师在制定教学目标时，还应全面考虑情感领域和技能领域的发展需求，以确保学生能够在多方面得到均衡发展。
- 布卢姆分类法应被视为一个教学探索的起点，而非终点。教师在教学实践中，应不断寻求创新，勇于尝试新的教学方法和手段，以持续提升教学效果，实现教育质量的全面提升。

在课程设计中，我们深度整合了布卢姆分类法，以此构建并优化了一个用于评估学习目标的框架体系。我们严格遵循布卢姆分类法的层级结构，采用与之相对应的动作动词对课程成果进行精确阐述。举例来说，当课程成果要求学生"分析"特定课程问题时，这一要求即与布卢姆分类法中的"分析"层级紧密相连；同样，若成果期望学生能够"创造"出解决方案，则与"创造"层级高度契合。

通过将布卢姆分类法与课程成果紧密结合，高校教师能够设计出与学生预期学习水平相匹配的课程教学活动，并实施有效的评估。这一做法不仅确保了学生能够达到课程既定的成果，还为他们提供了发展高阶思维与必要技能的重要契机。同时，教师也能够依据学生预期的学习水平，采用相应的评估策略，精准地跟踪并评价学生在实现课程成果过程中的进步。关于这些策略与方法的详细探讨，将在本章后续部分展开。

此外，布卢姆分类法中的核心理念与我国高等教育体系中本科及硕士研究生人才培养的专业课程存在着紧密的关联。通过深入理解布卢姆分类法的科学内涵及其相关性，我们可以更全面地把握课程成果的本质，进而为提升教学质量与人才培养效果奠定坚实的基础。

三、布卢姆分类法的革新：知识类别的扩展与深化

2001 年，洛林·安德森（Lorin Anderson）等人鉴于 21 世纪教育技术的新进展，对布卢姆分类法进行了重大修订。此次修订不仅保留了原有的六个认知过程类别，还创新性地增添了"创造"类别，并将"综合"与"评价"整合为"评估"，使分类法更贴合现代教育的实际需求。同时，知识类别也经历了重构，由单一的"知识"扩展为包含事实性知识、概念性知识、程序性知识和元认知知识四个维度的知识体系。每个认知过程类别与知识类型维度都配备了相应的动词描述，增强了框架的操作性和实用性。

（一）修订后的布卢姆分类法框架

- 六个认知过程类别：
    - 记忆：记住并回忆信息。
    - 理解：阐释信息的含义。
    - 应用：将所学知识应用于新情境。
    - 分析：将信息分解为各组成部分。
    - 评估：对信息或想法进行评判。
    - 创造：产生新想法或作品。
- 四个知识类型维度：
    - 事实性知识（Factual Knowledge）：具体的事实和信息。
    - 概念性知识（Conceptual Knowledge）：关于事物、事件或思想的抽象概念和原理。
    - 程序性知识（Procedural Knowledge）：如何完成任务或操作的知识。
    - 元认知知识（Metacognitive Knowledge）：关于学习本身的知识。

修订后的布卢姆分类法具有显著优势：

- 更全面地描述了学习目标，使教师能更精准地把握学生的学习需求。
- 易于理解和应用，有助于教师快速将其融入教学实践。
- 增强了操作性，为教学设计和评估提供了有力工具。

对于高校教师而言，这一修订分类不仅明确了课程学习目标，还可以指导教师设计更具针对性的学习体验框架。通过整合知识类别，布卢姆分类法为教师提供了一种详尽、全面的方法，以分解学生需掌握的不同类型的知识和技能，助力他们更好达成课程成果。

（二）知识类别的增加：深化教学理解

在布卢姆分类法中增加知识类别，为描述学生实现学习目标的类型提供了更全面、更精确的方法。原始分类法主要聚焦于认知过程，如记忆、理解、应用等。虽然这些过程对于理解学生学习和批判性思维技能的发展至关重要，但修订后的分类法通过分解认知过程中知识类型的层面，更贴近了教学过程的复杂性。

修订后的分类法涵盖了事实、概念、程序和元知识等知识范畴，鼓励教师更深入地思考如何在培养学生专业能力的同时，让他们获取所需的具体专业知识。例如，若教师想让学生证明掌握某个复杂的学科概念，他们可能会强调该概念的知识范畴，包括原理、理论和模型等。相反，若教师想让学生学会完成某项具体任务，如解数学方程式，他们可能会强调程序性知识的范畴，该范畴涵盖技能、算法和技巧等。

总体而言，增加知识类别有助于教师更有意识地进行教学设计、学生评估和教学评价。这一细致入微且详细的框架，帮助教师更好地把控课程教学，更深入地理解学生的学习过程和学习体验，促进他们的专业课程学习更加深入、有意义。

（三）认知领域的深化与神经科学基础

布卢姆分类法的认知领域涉及智力水平、心理技能和个人知识发展。高阶思维是通过一系列认知技能或能力发展而来的，这些技能或能力按照固定顺序发展：记忆、理解、应用、分析、评估、创造。修订后的分类法通过增加知识类别，强调了认知领域不仅关注智力技能，还关注所获得的知识类型及其组织方式。这有助于创建一个更全面的框架来评估课程成果，因为它不仅考虑了回忆或理解信息的能力，还考虑了在各种情况下应用信息、分析信息、评估信息以及创造新事物的能力。

认知过程与大脑的不同区域紧密相连。前额叶皮层在决策、计划和工作记忆等执行功能中发挥着关键作用；海马体参与记忆的形成和检索；顶叶则涉及空间认知能力和注意力的调控。通过特定的训练和实践，我们可以有效地增强认知技能。研究显示，认知能力训练能够显著提高各年龄段人群的短期记忆、注意力和解决问题的能力。

在生物层面，认知过程如识别记忆、概念形成和社会认知等，都是我们大脑特有的神经机制在发挥作用。神经网络作为大脑的基本组成部分，通过突触连接的神经元进行信息的交流和处理，支持着我们的思维和学习活动。例如，注意力的集中与某些特定神经网络的激活密切相关；决策则是一个更为复杂的认知过程，它涉及整合多个信息源、评估不同选项以及选择行动方案，这些都依赖于神经网络的活动。

（四）情感领域的重要性

布卢姆分类学中的情感领域聚焦于学习的情感与社会层面，涵盖态度、信念和价值观等核心要素。这一领域致力于推动个体在价值观、对外界的态度和自身信念上的成长，这些成长将深刻影响他们的行为决策和人格特质。情感领域的培养至关重要，因为它有助于学生在成长过程中责任感、自我意识的形成，为未来的社会交往和职业发展奠定坚实基础。

情感领域的发展层次丰富多样，从最初的接受层次到最终的个性化层次，每一层次都标志着学生在情感领域的成长与进步。情感领域与认知领域相辅相成，共同构成了人类全面发展的基石。将情感领域融入教学和学习过程中，有助于教师更全面地关注学生的成长需求，帮助他们更深入地了解自己和他人，培养社会责任感和公民意识。

尽管情感领域在课堂教学中并未得到足够的重视，但其对学生学习和发展的影响不容忽视。研究表明，学生的动机、态度和感悟等情感因素对课程成果具有显著影响。因此，教师应积极采取措施，如创造积极的学习环境、提供选择机会、将情感和社会学习纳入课程等，以促进情感领域的发展。

（五）心理运动领域的技能发展

布卢姆分类法中的心理运动领域主要关注个体通过身体活动和练习所获得的一系列技能和能力。这些技能与肌肉的运用和身体动作的协调紧密相关，如骑自行车、演奏乐器等。

布卢姆分类法将心理运动技能细致地划分为七个层次，从基础的反射动作到需要极高精确度和控制力的复杂动作。这些层次包括：

知觉：个体利用感官线索以精准指导运动行为的能力。

准备：个体在心理、情感及身体层面对即将来临的刺激所作出的预备性调整，以确保有效应对。

指导性反应：在专业教练或指导者的悉心辅助下，个体在学习复杂运动技能过程中所经历的初步学习阶段。

机制：个体能够熟练且无误地执行已经掌握的运动技能的状态。

复杂的显性反应：执行高度协调和控制要求的技能，如跳舞或进行体育运动等。

适应：个体能够根据新的情境需求或技能要求，灵活调整已学技能，并确保技能的有效运用。

原创：个体在运动技能领域中的创新能力，既包括创造全新的运动技能，也涵盖将现有技能以新颖方式组合，形成独特技能模式的能力。

心理运动领域不仅与职业及技术教育领域紧密相连，而且与高等教育中的多个学科领域，诸如体育学科、表演艺术以及医疗保健等，有着密切的关联。为了在该领域内实现高效且富有成效的教学，我们必须为学生创造充足的实践练习机会，并要求学生提供及时、具体的技能反馈。此外，我们应积极鼓励学生进行自我反思与自我评估，以此推动其技能不断进步和全面发展。

四、知识类型及其子类型

我们将继续深化对知识类型及其子类型的探讨，这对于精确地在教学大纲中识别和应用这些知识类型至关重要，并直接影响了课程成果即学生的学习效果和目标的实现情况。布卢姆分类法的认知领域框架，由六个循序渐进的思维层次组成，这些层次从基础记忆与理解延伸至中级应用，乃至高级的分析、评估及创新创造，全面覆盖了多元认知能力的发展。

知识类型是学生在课程学习和社会工作中取得成功的关键基础，它包括学习者通过教育经历积累的各种知识。这些知识类型主要分为四大类：事实性知识、概念性知识、程序性知识和元认知知识。每一种知识类型在学生的学习过程中都扮演着不可或缺的角色。对于高校教师而言，深入理解各知识类型下的子类别及其具体实例，是设计精准高效教学方案、提升学生学习成效、促进其全面发展的重要前提。因此，我们有必要进一步深化对知识类型的认知，以便更好地将其应用于教学实践中。

在课程教学中，教师可以采用一种有效的策略，即确保课程内容与知识类型的子类别相契合。以生物学科课程为例，教学初期，教师可以从事实性知识出发，教授学生细胞各部分的名称，奠定坚实的基础。随着学生知识的积累和理解的加深，教师可以引入概念性知识，如细胞功能的原理，帮助学生形成全面和深入的理解。在学生对相关概念有了清晰的认识后，教师可以进一步教授程序性知识，例如细胞实验的操作技巧，以提升学生的实践技能。最后，为了培养学生的元认知知识，教师可以鼓励学生反思自己的学习过程，思考有效的学习策略，并持续跟踪他们的学习进步，适时调整学习策略。

在课程教学中，教学大纲是教师设计课程的蓝图，它不仅为课程提供了主题框架，还确保了教学过程的系统性和连贯性。在确定教学大纲时，识别和归类课程中的知识类型是至关重要的环节。事实性知识、概念性知识、程序性知识和元认知知识，这四种知识类型构成了教学大纲的核心内容。

一旦教师明确了教学大纲中的知识类型，他们就可以根据这些类型选择合适的认知领域层次进行教学。例如，事实性知识可以通过记忆层次的教学方法进行传授，概念性知识则可以利用理解和分析层次的教学策略进行深化，程序性知识可通过应用层次的教学方法进行实践，而元认知知识则可以通过评估和创造层次的教学方法进行培养。

通过深入理解和运用教学大纲中的知识类型，教师可以更加精准地设计教学策略，确保教学活动与学生的学习成果紧密相连。这不仅能够提升学生的学习效果，还能够促进他们全面发展，为未来的学习和职业生涯奠定坚实的基础。接下来，我们将详细探讨知识类型及其子类别，以便深入理解各类知识及其子类别与课程教学和学习成果之间的密切联系及其重要性。

（一）事实性知识

事实性知识，作为构筑学科基石的关键要素，囊括了广泛认同的基本事实、核心词汇及基础概念，为学生深入探究某一学科领域提供了不可或缺的支撑。此类知识不仅是理解和记忆具体信息的基础，更是构建学科知识体系的必要环节，它涵盖了特定学科或研究领域的细枝末节、核心术语、基本原理及事实，构成了学习的初始阶段，并对促进中级至高级思维技能的培育发挥着不可替代的作用。以生物学习为例，学生需首先掌握细胞各组成部分的名称及其功能，这些事实性知识共同构筑了生物学科的基础架构。

事实性知识可细分为若干子类别，各子类别依据所学信息的性质而有所区分。

- 基本术语：指的是在特定学科或领域内使用的专门词汇，它们是理解学科内容及进行有效交流的基础。如在生物学习过程中，学生需熟练掌握细胞学、遗传学、生态学等领域的专业术语。
- 细节：则聚焦于与特定主题或概念紧密相关的具体信息。例如，在历史学习中，学生需深入挖掘历史事件的时间、地点、涉及人物及背景细节，以构建全面而准确的历史图景。
- 概念：着重于学科中的特定思想或理论观点。数学学习中，学生需掌握代数、几何、微积分等基本数学概念，以便能够运用这些概念进行逻辑推理和解决实际问题。
- 原理：涵盖学科中的基本法则和原理。在物理学习中，学生需深入学习牛顿运动定律等基本原理，进而理解并解释物体运动的规律。

事实性知识的获取方式多样，包括朗读、讲座、讨论、实践等多种教学手段。教师可通过提供丰富的阅读材料、设计引人入胜的讲座内容，以及运用图表等视觉辅助工具，助力学生理解和记忆事实性知识。此外，教师还可利用课堂小测验、阶段性考试等评估手段，及时检测学生对事实性知识的掌握程度，从而灵活调整教学策略。

综上所述，事实性知识在课程学习中占据核心地位。通过深入剖析其内涵及其子类别，教师可更加精准地设计教学活动，帮助学生牢固掌握这一基础知识，为后续的学术探索和个人发展奠定坚实的基础。

（二）概念性知识

概念性知识，作为深度理解与整合信息的核心，要求学生洞察并把握各概念与思想间的内在逻辑与联系，进而构建起全面而系统的学科认知框架。学生需将零散的信息有序地组织并归入一个逻辑严密的体系之中，以此为基础，高效地解决问题并作出决策。以物理学习为例，学生需深刻领悟力、质量、加速度等核心概念，方能更准确地把握物理世界的运行规律。

概念性知识广泛涵盖多个子类别，具体包括：

- 分类与类别知识：此类别强调识别并理解不同物体或思想的组别和类型，如能够区分哺乳动物、鸟类、爬行动物等动物类别。同时，它还涉及对概念层级结构的理解及其相互关系的把握，如在生物学习中，将哺乳动物作为一大类，再进一步细分为食肉动物、食草动物等子类别。
- 原则与概括知识：这一子类别侧重于理解支配概念或思想的基本原则，如运用物理定律来解释运动物体的行为规律。
- 理论与模型知识：此类别要求学生能够理解和应用抽象的模型和理论来阐释现实世界的复杂现象，如通过进化论来解读地球上生命的多样性。此外，还包括运用隐喻或类比等手法来深化对概念的理解，如将"电"的概念类比为流动的河流，以电荷流动来形象化地解释。
- 结构与系统知识：此类别聚焦于构成概念或思想的基本结构与系统，如对人体结构及其功能的全面理解。它还强调了对于概念的理解同相关网络的关联，如在计算机科学领域，需把握"数据库"概念与"表""查询""索引"等其他相关概念的内在联系。

概念性知识在培养学生的批判性思维和解决问题能力方面发挥着至关重要的

作用。它使学生能够分析并综合具体信息，建立不同思想之间的桥梁，从而为复杂问题提供创新性的解决方案。为了帮助学生有效掌握概念性知识，教师可以在课堂教学中灵活运用思维导图、概念图等教学方式，帮助学生将新信息与现有知识体系相融合，构建起完整的知识网络。同时，生动的比喻或类比来解释抽象概念，有助于学生在脑海中构建起清晰的知识框架，从而更深入地理解概念性知识的本质与内涵。

（三）程序性知识

程序性知识，作为指导运用何种技能执行特定任务的知识体系，其核心在于一系列明确而有序的步骤与动作。此类知识着重于实践技能的精进，要求学生不仅熟练掌握各项操作技巧，还需要在实际操作中展现出流畅与娴熟，并具备身体和心理层面上的稳定状态。以化学课程学习为例，学生必须掌握滴定等实验操作技能，学生在操作过程中身体和心理的状态也决定了实验的成功与否，这些技能对于化学学科的实际应用具有举足轻重的地位。

程序性知识可进一步细分为若干子类别：

- 运动技能：此类别涵盖了一系列需要身体协调与控制的动作，如游泳、打字、骑自行车等。这些技能的习得，既依赖于肌肉记忆，也要求对动作顺序及节奏的精准把握。
- 认知技能：此类别关注解决问题与作出决策时的心理过程，包括批判性思维、分析能力及创造力等。运用这些技能，个体能更有效地处理信息，整合判断，并创新解决的方案。
- 知觉技能：此类别与学生的感官知觉紧密相连，它涉及模式识别、形状与颜色区分等能力。这些技能在日常生活中发挥着至关重要的作用，有助于我们更加准确的感知外界环境，并作出恰当反应。
- 社交技能：它关乎学生与他人的交流和互动，如倾听、冲突解决及谈判等，对于学生建立和谐的人际关系、解决合作中的问题具有至关重要的意义。

综合运用示范、练习和模拟教学等方法，教师可以有效地传授程序性知识，帮助学生在各种情境中灵活运用所学技能。例如，在工科类高校中，专业教师可演示实验操作方法，随后指导学生自行练习实验步骤。同样，在语言类专业教学中，教师可展示外语写作技巧，并鼓励学生尝试构建自己的句子进行练习。这些实践性教学活动有助于学生将理论知识转化为实际操作技能，并培养他们的任务执行与解决问题能力。

应用程序性知识的多维度的教学策略不仅能够提高学生的技能水平，能够增强他们的学习动机和自信心，有助于学生技能熟练度的提高，促进学生形成自主学习的习惯，而且可以为他们的终身学习和职业发展奠定坚实的基础。

（四）元认知知识

元认知知识关乎学生的学习策略和自我调节能力，它要求学生能够了解自己的学习偏好和技能，掌握有效的自我评估和自我改进策略。这一知识涵盖了注意力调控、记忆力强化和解决问题能力的培育，同时要求学生能够识别并灵活运用多样化的学习与问题解决策略。通过培养元认知知识，学生可以更好地掌控自己的学习进程，实现更高效的学习成果。为了更深入地探讨，元认知知识可进一步细分为以下几个子类别：

- 陈述性知识：关乎个体在解决问题或完成任务过程中对所需策略和技能的理解，以及对自身学习风格与偏好的认知。学生通过这种知识明确自身优势与劣势，进而选择最契合自身特点的学习策略。
- 程序性知识：强调的是有效运用策略与技能解决问题的能力，以及在此过程中的监控与调整策略的能力。这要求学术不仅要掌握具体的解决问题方法，还要具备在不同情境下灵活应对、调整策略以适应变化的能力。
- 条件性知识：聚焦于在何时何地应用特定策略与技能，以及如何将已掌握的知识与技能迁移到新情境中的能力。这种知识为学生在复杂多变的环境中作出明智决策、实现知识的有效应用提供了有力支持。

在课程教学与学生自主学习的背景下，发展元认知知识对于提升学生的学习效率具有重要的意义。教师可以通过设计反思学习、设定阶段性目标和提供即时反馈等教学活动，为学生营造一个有利于元认知知识发展的环境。在这样的学习环境中，学生能够更好地调控自己的思维方式与学习过程，逐步成长为高效率学习者。

五、认知领域及其类型

前面的内容中我们了解到布卢姆分类法的认知领域框架可以帮助我们精细分类学习目标,并具体描绘了学习者在知识获取与运用中的认知发展历程。该领域包含六大递进目标:记忆、理解、应用、分析、评估及创造,每一目标均代表认知处理的不同层次,体现了从知识回忆到创新思维的能力进阶。

在高校教育中,认知领域为教师提供了有力的工具,帮助他们设计课程和评估学生的学习成果。例如,教师可以根据认知领域的不同阶段目标,设计相应的课程内容和评估方式。通过精心设计教学计划,教师可以帮助学生逐步提升他们的记忆、理解、应用、分析、评估和创造能力,进而促进他们对所学内容的深入理解和全面掌握。

因此,深入解析认知领域及其具体阶段目标,不仅有助于教师为学生学习提供更有针对性的教学支持,还能有效推动学生认知能力的全面发展,使他们成为更加高效和独立的学习者。此部分内容我们将详细探讨并展开认知领域每层递进目标,帮助我们深入理解这六层递进的认知目标与课程教学及学习成果之间的密切联系及其重要性。

(一)记忆

依据布卢姆的认知领域分类理论,记忆构成了认知处理的基石,它是学习过程中最为基础且关键的环节。它关乎个体对先前习得材料、事实性知识及概念性内容的回忆能力,要求个体能从长期记忆库中有效检索诸如人名、日期、地点及定义等相关信息。记忆能力可进一步细分为以下四个子维度:

- 识别:此能力体现在能从一系列给定选项中精确辨认或挑选出先前学习过的内容,例如,在多项选择中准确选出正确答案。
- 回忆:指的是在没有外界提示或线索辅助的情况下,个体能自主地从记忆中提取并再现先前学习的信息,如未经参考即能准确忆起某个电话号码。
- 再现:要求学习者能够以接近原始形态的方式重现先前学习的内容,比如凭记忆准确无误地默写出一句话。

- 重复：这一能力体现在能够以新的表述方式或形式来展现先前学习的信息，如用自己的语言重新阐述或总结一段已学内容。

记忆不仅是学习旅程的起始点，更是构建复杂思维技能和高级认知能力不可或缺的基石。在涉及更深层次的认知活动，如分析、评估及创造之前，学生需首先奠定坚实的知识与事实基础。为此，教师可以通过设计包含重复练习和主动检索先前学习材料的教学策略，来有效锻炼学生的记忆能力并促进其提升。同时，学生亦可采用诸如助记符、首字母缩写及视觉辅助工具等多种学习策略，以辅助记忆过程，从而提高学习效率。

（二）理解

在布卢姆分类法的认知领域中，理解紧随记忆之后，构成了第二个核心层次。此阶段要求学习者不仅掌握信息的表面内容，更要深入其内在含义，并能运用个人语言进行清晰、准确的解释与阐述。

理解这一层次涵盖了多个子类别，具体包括：

- 解释：要求学习者能够解读并揭示信息（如图表或图形）所蕴含的深层意义。例如，学生需能阐述两个变量间如何通过图表展现出其相互关系。
- 分类：涉及根据信息的共同特征将其合理分组。如学生可根据动物的物理特性，对不同类型的动物进行科学分类。
- 总结：要求学习者能够提炼出信息的核心要点，并以简洁明了的方式呈现。例如，学生需能用精练的语言准确概括一篇复杂文章的主旨大意。
- 比较：侧重于辨识信息间的相似与差异。例如，学生需能通过分析两种不同政治制度的特征，来进行有效的比较分析。
- 阐明：要求学习者通过提出理由或证据，来有力支持自己的观点，从而展现出对知识的深刻理解。例如，学生可引用研究数据来解释特定经济现象背后的原因。

在教师教学与学生学习的过程中，理解水平具有举足轻重的地位。它有助于学生将新信息与已有的知识和经验相融合，进而构建起完整的知识体系。为了促进学生的理解，教师可采取多种教学策略。例如，鼓励学生积极发言、用个人语言解释概念、比较不同思想以及总结学习要点等。同时，概念图、头脑风暴和小组讨论等教学方法也是提升学生理解水平的有效途径。

（三）应用

应用认知，作为学习过程中的一个高阶能力，指的是学习者能够在全新或不同的环境中，有效地运用已掌握的知识与技能，解决未曾遇到过的实际问题。这一能力主要涵盖以下三种类型：

首先，是在熟悉情境中的应用。在此类情境中，学习者能够轻松自如地将所学知识应用于与训练场景相似的情境中。例如，熟练掌握二次方程解法的学生，在面对类似方程时，能够迅速且准确地求解。

其次，是在不熟悉情境中的应用。这要求学习者具备高度的知识迁移能力，能够灵活地将所学知识应用于全新的挑战中。以二次方程为例，学生需能够将其解决策略应用于更为复杂、包含多个变量的方程求解中。

最后，是分析与综合。这一类型涉及学习者利用所学知识或技能，对信息进行深入的剖析与整合。例如，深谙文学技巧的学生，能够运用这些技巧来分析和整合复杂的文学文本，从而得出更为深刻的见解。

应用认知的实例广泛且多样，如利用数学原理解决物理或工程问题，应用编程概念进行软件开发或运用医学知识进行疾病的诊断与治疗。在文科历史课程中，学生通过分析历史事件，理解其内在的因果关系，并运用这些历史见解来洞察当代社会现象。在理科的化学实验课上，学生则通过合成新化合物，将化学知识应用于污染控制、新药研发等实际领域。

这些实例均展示了学生如何将所学知识应用于新的情境，这既需要他们对知识有深入的理解，也需要他们具备强大的分析和综合信息的能力。为了培养学生的应用认知，教师应采用案例分析、模拟实验等教学策略，通过提供真实的问题情境，鼓励学生提出假设并检验其可行性，从而帮助他们深化对知识的理解，并提升在现实生活中的应用能力。

因此，教师在教学过程中应积极为学生创造实践机会，如实验室实验、模拟情境、案例研究等活动。这些活动能够让学生在面临新挑战时，更加灵活地运用所学知识和技能，从而有效提升教学质量，培养出更具应用能力和创新精神的学生。

（四）分析

在布卢姆认知领域分类法中，分析认知是一个至关重要的层次，这一层次要求学习者不能只停留于理解表面，而是要深入到复杂概念的内部，将其拆解为更细微的组成部分，并精确捕捉这些部分之间错综复杂的内在联系与存在模式。此过程蕴含了对信息的深度和系统的审视，旨在揭示隐藏的因果关系，并明确区分客观事实与主观观点。

在分析认知的层次上，学习者需跨越单纯理解的门槛，进入对概念的深度解构与评估。这一过程涵盖了一系列核心技能：

首要技能是区分，即将复杂的概念拆解成更小的单元，并洞察它们之间的内在联系。例如，在文学分析中，学生需能剖析并辨识出作者所运用的主旨与主题。

次要技能是比较，它要求学习者识别两个或多个概念之间的共通之处与差异所在。在机器模型的对比中，学生需能明确指出各模型的优势与不足。

之后的对比技能则更进一步，它聚焦于揭示两个或多个概念之间的本质区别。以心理学理论为例，通过对比不同的理论框架，学生能更深刻地领悟不同理论之间的根本差异。

分类技能同样重要，它要求学习者根据概念或想法的共有特征进行归类。在动物学的研究中，学生需能根据动物的生理特征和行为模式，对不同类型的动物进行科学分类。

组织技能也是不可或缺的。它要求学习者识别概念之间的逻辑关系，并以条理清晰的方式将它们整合起来。在研究论文的撰写过程中，学生需能构建出合理的提纲，以清晰地展示论文的主旨思想及支撑证据。

通过积极参与分析认知活动，学习者能够逐步培养出批判性思维，并提升独立评估信息的能力。这些技能对于在学术与专业领域取得进展和成就具有至关重要的作用，它们将帮助学生在面对复杂问题时，作出明智的决策与判断。

（五）评估

在布卢姆分类法的认知领域中，评估作为高级层次，体现了个体依据既定标准和准则，对思想、材料或工作成果的价值及质量进行精确判断的能力。此层次要求学生在深入理解主题内容的基础上，运用批判性思维技能，对事物的价值性、有效性和合理性进行审慎而全面的评估。

评估活动主要划分为两大类型：形成性评估和总结性评估。

形成性评估贯穿于学习过程中，其核心目的在于通过向学生提供即时反馈，助力他们深化对课程内容的理解与掌握。此类评估形式灵活多样，既可以是课堂讨论中的即时口头反馈，也可以是对学生作业的详尽书面评价。相比之下，总结性评估则侧重于在单元、项目或整个课程结束时，对学生的学习成效进行综合评价，其形式通常更为正式，可能包括考试、论文撰写或项目报告等。

评估认知活动涵盖广泛，包括对论点的合理性及论据可信度的评估，对解决问题策略优劣的判断，基于科学证据对观点准确性的评价，依据既定标准对艺术作品或文学作品进行批判性分析，以及对历史事件或政策对社会影响的分析与独到见解的发表。

为了有效培养学生的评估技能，教师应精心设计具有挑战性的评估活动，激励学生运用批判性思维，依据明确的标准作出明智的判断。同时，教师应及时提供反馈与反思的机会，帮助学生识别评估过程中的不足之处，并指导他们如何进一步提升评价能力。通过这样的教学实践，学生不仅能够深化对知识的理解，还能逐步培养出更具批判性和创新性的思维方式，为未来的学术与职业发展奠定坚实的基础。

（六）创造

在布卢姆分类法的认知领域中，创造被视为最高层次，要求学习者具有利用既有知识与技能，以独特视角整合信息或开创全新事物的能力。此层次不仅要求学生能够灵活应用所学知识，更强调批判性思维、问题解决能力以及创新创造力的展现。

创造认知可进一步细分为若干子类别，具体阐述如下：
- 设计：针对特定项目或产品，构思并绘制出详尽的计划或蓝图。例如，学生可能被要求为新产品构思一套独具匠心的营销活动方案，以展现其设计思维与策划能力。
- 构建：将不同的元素或部件巧妙地组合成全新的结构体。如学生可能需要亲手搭建桥梁或机器模型，以此来展示其结构设计与组装技艺。
- 发明：创造前所未有的全新事物，这要求学生充分发挥其无限的想象力与创造力。例如，学生可能面临挑战，去发明一种能够解决特定问题的创新产品。
- 创作：涉及艺术性或表现力的创新活动。学生可以通过创作歌曲、诗歌或绘画等艺术形式，来展现其独特的艺术视角与表达技巧。
- 生成：侧重于提出解决问题的新颖思路或方案。面对如减少碳排放等复杂问题，学生需发挥创造力，提出具有创新性的解决方案。
- 规划：对项目或产品进行全面而细致的策划。学生需要为社区服务项目等制订详尽的执行计划，以展现其组织与管理能力。

为了促进学生的创造认知发展，教师可以开展丰富多样的活动，如开发创新的软件程序、设计别具一格的建筑或桥梁、创作悦耳动听的歌曲或引人入胜的小说、创作充满个性的艺术作品，以及构思并实施新颖的商业理念等。这些活动不仅能够有效激发学生的创造力，更能够全面提升他们的综合能力与创新精神，为未来的成功奠定坚实的基础。

六、编写课程成果

（一）课程成果的重要性

课程成果是对学生在完成特定专业课程后应掌握的知识、技能及态度的详尽阐述，它根植于专业培养成果，构成了 OBE 中不可或缺的组成部分。这一概念为我们描绘了一幅学生在专业课程学习中取得具体成就的清晰图景，整个教育系统的运作都是围绕课程成果展开的。

通过精确界定课程成果，教师能够确保教学内容与教学策略紧密贴合预期的学习目标，从而为教师和学生双方建立起明确的学习期望，有效传达教学意图。学生在明确课程预期目标的基础上，能够集中精力追求这些成果，并在此过程中不断获得关于自身学习进度的反馈与评估。课程成果不仅为评估学生的学习成效提供了坚实的框架，同时也为衡量课程本身及教学策略的有效性奠定了基础。

课程成果的重要性具体体现在以下五个方面：

（1）OBE 的核心要素：课程成果是 OBE 教学模式的基石，其教学设计与实施均围绕课程成果展开。缺乏明确的课程成果，OBE 便失去了灵魂。课程成果的确定不仅是 OBE 的起点，也是其追求的最终目标。只有清晰界定了课程成果，才能确保教学设计与实施的精准性，从而实现教学目标。

（2）教学过程的导航：课程成果在教学过程中发挥着导航作用，它不仅是教学内容、教学方法和教学评估的基准，也是教师在教学过程中的重要指引。教师应根据课程成果来规划教学，选择恰当的教学内容、教学方法和评估方式。课程成果如同一张详尽的导航图，为教师和学生指明了前进的方向。

（3）教学效果的标尺：课程成果是衡量教学效果的重要标尺，它直接反映了学生的学习成果。通过对课程成果的评估，可以客观衡量教学效果，并为教学改进提供有力依据。课程成果如同一把精准的标尺，帮助我们准确评估教学的质量和效果。

（4）学生学习的动力：明确的课程成果能够激发学生的学习兴趣和动力，帮助他们明确学习目标，规划学习路径。学生可以根据课程成果制订学习计划，进行自我评估与调整。课程成果如同一股源源不断的动力，激励学生不断追求进步。

（5）人才培养目标的桥梁：课程成果将人才培养目标与具体教学过程紧密相连，通过达成课程成果，可以逐步实现人才培养的宏观目标。课程成果如同人才培养目标与教学实践之间的纽带，确保了教育目标的实现。

总的来说，课程成果在 OBE 中具有无可替代的重要地位。在课程设计和实施过程中，我们必须高度重视并精准定义课程成果，以确保教育目标的顺利实现。

以下是一些课程成果在 OBE 中重要性体现的案例：

- 在美国高等教育领域，麻省理工学院是实施 OBE 教学模式的典范。该校在课程设计中明确界定了课程目标，详细列出了课程成果，并制定了相应的评估方式。研究发现，当评分标准与课程成果紧密结合，并对学习成果进行明确评估和反馈时，学生的课程完成度和知识考核水平均显著提升。这一案例充分展示了课程成果在 OBE 教学模式中的核心作用。

- 在中国高等教育领域，清华大学和北京大学医学部等顶尖学府也在积极探索 OBE 教学模式。它们明确规定了本科生应具备的知识、能力和素质，并强调了课程成果与人才培养目标的紧密关系。这些案例表明，课程成果在中国高等教育中同样具有举足轻重的地位。

综合国内外案例及学者研究成果，我们发现使用课程成果进行课程教学的学生在学习成果方面往往表现出显著提升。课程成果不仅有助于明确教师对学生的期望，更能激发学生的学习动力，从而提高他们在课堂中的表现。随着 OBE 教学模式的广泛推广，课程成果在教学中的地位将越发重要。因此，高校教师需高度重视课程成果的设计与实施，将其作为教学过程中的核心要素，以推动学生全面发展，实现人才培养目标。

（二）模块化课程成果框架

基于 OBE 理念的教学成果，其核心在于构建以学生为中心的教学和学习方法，旨在达成特定专业课程的学习目标。课程成果作为 OBE 在高校人才培养体系中的关键一环，精准地反映了学生在特定专业课程中应掌握和达成的成就。这一成果不仅为教师制定可量化的学习目标提供了有力的依据，更有助于学生实现预期的学习效果，同时协助教师精准的评估学生的课堂表现。

在这一背景下，深入理解并掌握创建课程成果的方法显得尤为关键。在本节中，我们将深入探讨如何构建有效的课程成果。

综合国内外教育专家的研究成果，我们采用模块化的成果框架来构建有效的课程成果，模块化课程成果框架是一种科学、可量化、可复制且易于在高校实施的方法。通过细致地将课程大纲分解为不同模块和主题，教师可以基于这些模块制订详尽的课程计划。每个模块都被赋予特定的学习成果，使得教学过程中的每一个环节都目标明确、成果可期。同时，利用课程计划中涉及的教学类型、认知方法和知识类型等模块，教师可以轻松地对整个课程的教学和学习过程进行阶段性的有效评估。

此外，结合最高层次的认知要求与知识类型，教师能够创建出既具体又可衡量、既可实现又具备相关性和时限性的课程成果。这种方法使得教师能够清晰地识别教学的实际状况与期望目标之间的差距，从而作出必要的调整，进一步提升学生的课程成绩。

模块化成果框架的核心目标是帮助教师设计出高效且富有成效的课程成果。该框架首先将教学大纲细化为各个模块，进而将每个模块进一步分解为可教授的主题。这一过程使得教师能够构建出详尽的课程计划，其中包括序号、主题名称、模块编号、所需课时数、教学法类型、认知层次、知识类型、与课程成果的对应关系、评估计划（根据实际教学进度安排）、评估类型以及实际课时数等丰富内容。通过对每个模块的深入关注，框架确保了每个课程成果都清晰明确、具体可衡量且易于实现，从而使整个课程成果设计过程更加科学、量化、具备可复制性，并易于在高校各院、系、部中实施。可见，这种方法为高校改进教学实践、创造卓越的学习成果提供了宝贵的工具。

接下来，我们将对此框架进行深入剖析：创建高效的课程成果无疑是成果导向教育的关键环节，它对于教师制定具体、可衡量和可量化的学习目标具有极其重要的指导意义。教师需要经过精心设计和实施这一框架。在此我们提出了创建有效课程成果的十个关键步骤。这些步骤不仅能够帮助教师系统地规划课程内容，还能确保学生的学习成果与课程目标紧密相连，从而真正实现以学生为中心的教学理念。通过遵循这些步骤，教师可以更加有效地提升教学质量，促进学生的全面发展。

以下是创建有效课程成果的十个步骤。

（1）深入研读教学大纲

构建模块化课程成果框架的首要环节，是全面且深入地研读教学大纲。这一步骤要求教师对课程的总体目标、涵盖主题、学分要求、前置课程以及预期学习成果等细节有深刻的理解。通过细致分析，教师应确保教学大纲与课程整体学习目标的高度契合，并满足学生的实际需求。同时，教师需敏锐识别并处理教学大纲中可能与社会现实脱节的部分，确保课程内容与时俱进，必要时进行适当调整和更新。

通过这一步骤，教师能够建立起对课程的全面认识，为后续制定具体、可衡量的课程成果奠定坚实的基础，确保课程成果与课程整体目标的一致性，并保持与学生的需求相统一。

（2）细分教学大纲为多个模块

在模块化课程成果框架的构建中，将教学大纲细化为若干模块是至关重要的一步。若课程内容尚未由高校分院、系、部或具体专业细分，教师应主动承担此任务，将其划分为5～6个模块。每个模块应代表课程的不同阶段或部分，聚焦于特定的学习单元，既相互独立又彼此关联，帮助学生更好地理解和吸收课程内容。每个模块都应有一个明确的标题或标签，清晰地反映其学习重点。例如，一个关于市场营销的课程可能包括"市场调研与分析""营销策略制定"等模块。这些标题应简洁明了，能够准确地概括模块的核心内容。在细分时，教师应深入分析课程内容，明确主要主题和核心概念，结合学科专家建议，准确确定模块数量和内容，并按照课程内容的自然顺序或逻辑关系进行组织。每个模块应设有明确标题或标签，简洁明了地反映其学习重点。

通过细分教学大纲为多个模块，教师能够更加系统地组织课程内容，确保每个模块都聚焦于特定的学习目标。这有助于提高学生的学习效果，使他们能够更好地理解和应用所学知识。同时，此步骤有助于教师更好地管理课程进度和评估学生的学习成果。

（3）分解模块为具体教学主题

将每个模块进一步分解为具体教学主题是构建模块化课程成果框架的关键。这有助于教师更精确地规划教学内容，确保每个主题都与课程目标紧密相连，并有助于实现预期学习成果。在分解时，教师应明确每个模块的核心目标和关键概念，然后将其细化为若干个更小、更具体的主题，围绕模块核心内容展开，涵盖相关知识点和技能点。同时，教师应考虑主题的逻辑顺序和层次结构，确保主题之间衔接顺畅，形成完整知识体系，并关注主题的深度和广度，以满足学生的学习需求。

通过分解模块为具体教学主题，教师可以更加清晰地了解每个主题的教学重点和难点，制定相应的教学策略和方法。这有助于提高教学质量和效果，促进学生的学习和发展。

（4）依据主题定义制订详尽课程计划

依据主题定义制订详尽的课程计划是确保教学质量和效果的关键。课程计划应详细规划每个主题的教学内容、教学方法、教学资源和评估方式等。教师应根据主题定义明确学习目标，选择合适的教学方法和资源，教学方法应根据学生的学习特点和主题内容来选择，可以包括讲授、讨论、案例分析、实践操作等多种形式。教学资源则应根据教学需要来准备，如教材、课件、视频、网络资源等。教师还要设计有效的评估方式，来检验学生的学习效果。评估方式应与学习目标相匹配，能够全面、客观地反映学生的学习成果。评估结果可以为教师提供反馈，帮助他们调整教学策略和方法，进一步提升教学质量。教师还应将课程计划详细记录下来，包括每个主题的教学内容、教学方法、教学资源和评估方式等。这有助于教师更好地管理课程进度和教学资源，确保教学活动的顺利进行，并为后续教学改进提供参考。

通过依据主题定义制订详尽的课程计划，教师可以更加系统、有序地开展教学活动，确保教学质量和效果达到预期目标。这也有助于提升学生的学习体验和学习效果，促进他们的全面发展。

（5）完善教案内容以确保结构严谨

在构建模块化课程成果框架时，完善教案内容以确保其完整性和结构的严谨性至关重要。首先，教案应包含明确的序号，这有助于教师和学生清晰地追踪各个主题的教学进度。其次，每个主题都应有一个明确的名称，以便学生了解即将学习的内容。同时，每个主题都应与特定的模块编号相对应，以确保教学内容的连贯性和系统性。最后，教案还应注明讲授每个主题所需的具体课时数，这有助于教师合理安排教学时间，确保每个主题都能得到充分的讲解和讨论。同时，选择合适的教学方法类型对于提高教学效果也至关重要，因此教案中应明确列出将用于教授每个主题的教学方法。

在认知层面，首先，教案应明确标出每个主题所属的认知类别，如记忆、理解、应用、分析、评估和创造。这有助于教师根据学生的认知发展水平来制定相应的教学策略。其次，教案还应注明每个主题所属的知识类别类型，如事实性、概念性、程序性和元认知性，以便教师能够有针对性地传授相关知识。最后，教案中应预留一定的空间，以便后续将每个主题映射到相应的课程成果。这将有助于教师在教学过程中始终关注学生的学习成果，确保教学目标的实现。同时，计划评估部分应详细列出用于评估学生学习情况的评估名称和类型，以便教师能够及时了解学生的学习情况，并根据需要进行调整和改进。

通过完善教案内容，教师可以创建出结构严谨、内容充实的课程计划，为有效的教学和学习提供有力保障。

（6）为每个模块制定具体课程成果

在模块化课程成果框架的构建过程中，为每个模块制定具体、可衡量的课程成果是至关重要的一步。教师应回顾课程计划，深入了解每个模块的核心内容和关键概念，根据模块的特点和学生的学习需求，确定学生在完成该模块后应达到的知识和技能水平。这些成果应具有清晰性、简洁性和可衡量性，同时要注意的是制定课程成果时还应确保与课程的总体学习目标保持一致，以构建一个连贯、系统的课程体系。

通过为每个模块设定具体的课程成果，教师可以更好地追踪学生的学习进度，评估教学效果，并及时调整教学策略。这也有助于提高学生的学习积极性和参与度，学生能够清楚地了解自己在每个模块结束后应达到的水平，从而更有针对性地进行学习和准备。通过这一步骤，教师可以更好地设计课程、组织教学，并帮助学生实现预期的学习成果。

（7）明确最高认知水平以指导成果设计

在模块化课程成果框架的构建过程中，明确每个模块或主题的最高认知水平至关重要。这涉及对布卢姆认知领域分类法的深入理解和应用，以确保课程设计与学生的认知发展相匹配。教师应熟悉布卢姆分类法中的六个认知思维水平，并仔细审查课程计划，分析每个模块或主题所需的最高认知水平。这涉及对教学内容的深度挖掘和对学生学习需求的准确把握。例如，对于涉及复杂概念或原理的主题，可能需要达到较高的认知水平，如分析和评估。确定了最高认知水平，教师就可以设计与之相匹配的课程成果。这些成果应体现出学生在该认知水平下应达到的学习成果。同时，教师还应参考认知适用词表，选择适当的词语来描述和构建课程成果，以确保其准确性和有效性。

通过明确最高认知水平并设计相应的课程成果，教师可以更好地指导学生的学习和发展，促进他们的认知能力提升。同时，这也有助于提高课程的整体质量和教学效果。

（8）精准界定最高知识类型

在构建模块化课程成果框架的过程中，精准界定每个模块的最高知识类型至关重要。教师应深入剖析课程计划，明确每个模块所涵盖的知识类型，包括事实性、概念性、程序性和元认知性。对于涉及多种知识类型的模块，教师应结合学生学习需求和课程目标，综合判断并确定最主要的最高知识类型。为了准确界定最高知识类型，教师应首先明确模块的核心教学内容，进而分析学生掌握这些内容所需的知识类型。例如，若模块聚焦于某个复杂的科学实验过程，那么程序性知识将可能成为该模块的最高知识类型，因为学生需要掌握实验步骤和操作流程。

在某些情况下，一个模块可能涉及多种知识类型。此时，教师应结合学生的学习需求和课程目标，综合判断并确定最主要的、对学生理解模块内容至关重要的最高知识类型。

（9）融合最高认知与知识类型

融合最高认知与知识类型是创建高效、针对性强的课程成果的关键环节。在明确每个模块的最高认知和知识类型后，教师应将其有机结合，形成简洁明了的课程成果表述。课程成果的表述应既体现学生的认知水平，又明确所需的知识类型，同时，表述应简洁明了，避免冗长复杂，以便学生快速理解并记住。

例如，若某模块的最高认知类型为"应用"，最高知识类型为"程序性"，则课程成果可表述为："学生将能够应用程序性知识解决实际问题。"这样的表述既体现了学生的认知水平，又明确了所需的知识类型，有助于教师精准把握教学方向。

（10）全面应用步骤（6）至步骤（9）于每个模块

在为每个模块初步创建课程成果后，教师应全面应用步骤（6）至步骤（9）于教学大纲或课程计划中的每个模块。这包括对每个模块的课程计划进行深入分析，识别其最高认知和知识类型，并将其融合以形成具体、可衡量、可实现的课程成果。

例如，对于"市场营销策略"这一模块，若分析结果显示最高认知为"分析"，最高知识类型为"概念性"，则相应的课程成果可表述为："学生将能够分析并解释市场营销策略的基本概念及其在实际应用中的作用。"

在重复这一过程中，教师应确保每个模块的课程成果与课程的总体学习目标保持一致，并紧密关联学生的学习需求和目标。通过这一步骤，教师可以构建一套完整、连贯且有针对性的课程成果体系，从而有效指导教学实践，帮助学生实现预期的学习成果。

遵循这十个步骤，教师和教学大纲制定者能够科学、系统地构建模块化课程成果框架，确保课程设计的有效性和针对性，为学生的学习成果提供有力保障。

（三）课程成果案例

基于深入调研，笔者挑选了八门课程作为分析对象，并为每门课程各选取了三个具有代表性的课程成果进行展示。值得注意的是，在我国高等教育中，为了确保课程内容的全面性和对学生能力的深度培养，建议每门课程至少设立五个课程成果，且总数不超过七个为宜。

课程1：心理学导论

- 课程成果1：学生能够熟练运用心理学研究原理，对情绪产生的机制及其影响因素进行批判性分析。
- 课程成果2：学生具备深入剖析多种心理学理论的能力，理解这些理论对人类行为模式的塑造与预测作用。
- 课程成果3：学生能够自主设计研究提案，明确阐述实证研究的目的、方法、实施步骤及预期成果。

课程2：电子营销学

- 课程成果1：学生全面掌握电子营销的基本概念，并深刻理解其对企业和行业发展的重要性。
- 课程成果2：学生能够灵活运用各类数字营销技术，制订并实施高效的营销计划。
- 课程成果3：学生具备分析数字营销活动绩效数据的能力，并能根据分析结果调整营销策略，以提升营销效果。

课程3：会计学原理

- 课程成果1：学生深入理解财务会计的基本原理，并认识到会计在企业运营中的核心作用。
- 课程成果2：学生能够准确记录财务交易，并熟练编制财务报表。
- 课程成果3：学生具备通过财务报表分析解读财务数据的能力，为企业的决策提供有力支持。

课程4：人力资源管理

- 课程成果1：学生理解人力资源管理在组织运营中的重要性，并认识到其对组织绩效的深远影响。
- 课程成果2：学生能够熟练掌握人力资源管理的各项技术，有效管理招聘、选拔和留任等关键环节。
- 课程成果3：学生具备评估人力资源战略有效性的能力，并能根据组织发展的需要进行策略调整。

课程5：环境科学概论

- 课程成果1：学生了解环境科学的基本概念，并理解其与可持续发展之间的紧密联系。
- 课程成果2：学生能够运用科学方法分析环境问题，并提出针对性的解决方案。
- 课程成果3：学生具备评估人类活动对环境影响的能力，并能提出合理的环境保护策略。

课程6：当代文学与中文表达

- 课程成果1：学生掌握文学中常用的表达手法和技巧，并理解其在文学作品中的重要作用和意义。
- 课程成果2：学生能够运用精读策略深入解析文学文本，准确理解作者的意图和作品的主题。
- 课程成果3：学生能够撰写批判性文学评论，展示对文学作品的独立思考和深刻见解。

课程 7：微观经济学

- 课程成果 1：学生掌握微观经济学的基本概念，并理解其在商业实践中的应用价值。
- 课程成果 2：学生能够运用经济模型分析市场结构和企业行为，预测市场趋势并制定商业策略。
- 课程成果 3：学生具备解读和分析经济数据的能力，为商业决策提供科学依据。

课程 8：组织行为学

- 课程成果 1：学生了解组织行为学的基本概念，并认识到其在现代企业管理中的重要作用。
- 课程成果 2：学生能够运用组织行为学理论分析和解决组织中的实际问题，从而提升组织效能。
- 课程成果 3：学生具备评估组织行为策略有效性的能力，并能根据组织发展的需要进行策略调整和优化。

（四）课程成果撰写模版

模板 1：

在完成 [课程名称＋编号] 后，学生应具备运用具体 [知识类型] 的能力，通过明确到 [动作动词]，以实现 [描述具体能力或技能]。

示例：在完成心理学导论（课程编号 101）后，学生将能够熟练运用心理学基础理论，通过实施实证研究方法，深入分析情绪生成的内在机制。

模板 2：

在完成 [课程名称＋编号] 后，学生将能够具体 [动作动词] 所掌握的 [知识类型]，旨在达成 [描述具体应用或学习成果]。

示例：在完成英语文学赏析（课程编号 201）后，学生将能够细致分析文学作品中的语言特色及运用的文学技巧，进而深刻理解作品的核心主题及作者的创作意图。

第六章 ◆◇

教学方法

教学方法，作为教师精心设计与实施的以实现教学目标的策略和手段，构成了教学活动的核心组成部分，并深刻影响着教学效果的优劣。其并非静态不变，而是随着教育需求与目标的发展演变而持续进化，展现了教学方法的时代性与适应性。

在传统高等教育体系中，教学方法多聚焦于课堂讲授、讲座传授及实验演示等知识灌输方式，教师作为知识权威的角色，而学生则主要扮演信息接收者的角色。然而，随着教育理念的不断革新，教学方法亦步入了新的发展阶段，其核心转向强调以学生为中心的学习体验，旨在激发学生的主动学习热情与参与度。

当前高等教育更加注重培养学生的批判性思维、创新能力及问题解决能力。教师采用更为积极主动的教学方式，不仅促进了学生更深层次的课程参与，还实现了理论知识与现实情境的紧密结合。此外，互联网技术与5G技术的迅猛发展，为教学创新提供了前所未有的契机。在线学习的兴起与普及，推动了混合学习模式、翻转课堂模式等新型教学模式的广泛应用。这些模式将传统面对面教学与在线教学有机融合，打破了传统教学的时空限制，为教学实践带来了更多的可能性与灵活性。

在OBE理念的影响下，教学方法扮演着举足轻重的角色。它为课程设计提供了清晰的教学框架，确保了课堂教学目标与预期成果的高度一致。教学方法涵盖了丰富多样的教学实践与策略，旨在激发学生的学习兴趣，推动学习进程，并最终达成预期的教学成果。通过精心选择与应用合适的教学方法，教师可以为学生创造一个优质、高效的学习环境，助力他们掌握必要的技能与知识，实现教学目标。

在 OBE 理念的实践中，教学方法的运用不仅关乎教学活动的设计与实施，更在于确保学生能够达成预期的教学成果。这要求教师根据具体的课程成果、期望的认知水平以及知识类型，选择与之相匹配的教学方法与课程材料。同时，教学方法还应为学生创造主动参与学习的机会，并及时给予他们关于课程成果的反馈，以促进学生的持续进步与发展。

可见，有效的教学方法能够有力支撑以学生为中心的课程学习过程，激发学生的批判性思维，培养他们的创造力与创新能力。因此，教师应不断评估与改进自己的教学方法与实践，以确保其能够有效地实现预期的课程成果，这一点对于提升教学质量与效果至关重要。

一、教学方法的分类模式

中西方在教学方法的分类上呈现出显著的差异，这一差异根植于双方各自的时代背景、社会环境、文化氛围，以及研究者们独特的观察与研究视角。在西方，教学方法的分类体系主要建立在诸如巴班斯基、拉斯卡、威斯顿和格兰顿等学者的理论框架之上。这些理论框架不仅为西方的教学实践提供了坚实的指导，还塑造了其独具特色的教学风格与方法体系。

相较之下，我国的教学方法分类则深受本土教育传统、教育政策，以及教育实践者们的理解与应用等多重因素的影响，从而展现出与西方截然不同的特点。这种差异体现了教学方法分类的地域性和文化性，也反映了不同教育体系对于教学目标的追求和教学策略的选择。

（一）巴班斯基的教学方法分类

巴班斯基（Yuri Konstantinovich Babansky）是苏联杰出的教育学家，以其独树一帜的系统教学理论对教育界产生了深远影响。他的教育理论中，教学方法的分类占据了举足轻重的地位，并揭示了教学活动的内在结构与逻辑。

巴班斯基依据教学活动的不同阶段和核心环节，将教学方法创造性地划分为以下三大类，每一类都独具特色，且相互补充，共同构成了完整的教学方法体系。

（1）组织和自我组织教学活动的方法

- 组织教学活动：这包括组织课堂教学、课外活动以及社会实践等多种方法，旨在通过多样化的活动形式，促进学生的全面发展。
- 自我组织教学活动：侧重于培养学生的自学能力、组织能力以及合作能力，强调学生在学习过程中的主体性和自主性。

（2）激发和形成学习动机的方法

- 激发学习兴趣：通过趣味性教学、游戏教学以及竞赛教学等手段，激发学生的学习兴趣和积极性。
- 激发学习义务感和责任感：通过明确学习目的、培养学生的责任心以及树立榜样等方式，引导学生形成正确的学习态度和价值观。

（3）检查和自我检查的方法

- 口头检查和自我检查：包括提问、回答、背诵等，旨在通过口头交流的方式，检验学生的学习成果和掌握知识的情况。
- 书面检查和自我检查：如考试、测验、作业等，通过书面形式对学生的学习成果进行客观、全面的评价。
- 实验实践检查和自我检查：包括实验、操作、练习等，强调通过实践操作来检验学生的学习成果和实际操作能力。

巴班斯基认为，每种教学形式和方法都有其独特的优点和不足，且适用于不同的教学场景和条件。因此，在教学过程中，教师应根据具体情况选择合理的方法，以实现教学过程的最优化。

巴班斯基的教学方法分类具有以下三个特点：

- 系统性：从教学活动的不同阶段和环节出发，将教学方法分为三大类，体现了系统的思维方式和分类逻辑。
- 完整性：涵盖了教学活动的主要方面，包括组织、激发动机以及检查评价等，具有一定的完整性和全面性。
- 实用性：分类方法具体、明确，教师可以根据教学目标和学生的实际情况灵活选择，具有较强的实用性和可操作性。

然而，巴班斯基的教学方法分类在教学实践中也面临一些挑战和反思。例如，该分类体系在一定程度上侧重于教师的教学行为，而对学生的学习主体地位体现不足。此外，随着时代的发展和教育理念的不断更新，一些新的教学方法逐渐涌现，需要纳入到现有的分类体系中，以不断完善和优化教学方法体系。

（二）拉斯卡的教学方法分类

约翰·A.拉斯卡是美国著名的教育学家，他提出的四种基本教学法——呈现法、实践法、发现法和强化法，极大地丰富了教学理论，在实践中展现了独特的价值。拉斯卡所构建的教学方法分类体系，紧密围绕教学目标的实现方式，深入剖析了教师在教学过程中的角色定位以及学生在学习过程中应承担的责任。

这一分类体系有助于教师更清晰地理解各种教学方法的特性和适用场景，从而根据教学目标和学生的实际需求，灵活选择并应用恰当的教学方法。同时，拉斯卡的教学方法分类体系也高度强调学生的主体地位，鼓励教师积极引导学生主动参与学习过程，着力培养他们的自主学习能力和创新精神。

拉斯卡所提出的四种基本教学法各具特色：

- 呈现法：在此方法中，教师作为知识的传授者，学生则作为知识的接受者。教师通过讲解、演示等方式向学生传授知识，学生通过听讲、观察等方式接受知识。呈现法特别适用于传授概念、原理等理论知识，以及技能的示范和讲解。
- 实践法：此方法侧重于学生通过练习来巩固知识和技能。教师为学生提供练习的机会和指导，而学生则通过反复练习来巩固所学知识和技能。实践法对于强化学生的记忆、理解和应用能力具有显著效果。
- 发现法：在此方法中，学生自主探究发现知识和规律。教师为学生提供探究的材料和问题，而学生则通过观察、实验、分析等方式自主探究。发现法对于培养学生的探究能力、创新能力和批判性思维能力具有重要作用。
- 强化法：此方法强调教师通过奖励或惩罚来强化学生的学习行为。教师对学生的学习行为进行积极的评价和反馈，从而激发学生的学习动机和行为。强化法对于培养学生的学习兴趣和积极性具有显著效果。

拉斯卡教学方法的应用价值主要体现在以下三个方面：

- 帮助教师深入理解不同教学方法的特性和适用范围，从而为选择适合教学目标、教学内容和学生特点的教学方法提供有力支持。
- 助力教师设计和实施有效的教学活动。例如，在教学新知识时，教师可以结合呈现法、实践法和发现法，以讲解、练习和探究相结合的方式，全面提升教学效果。
- 促进教师对教学实践的反思，从而不断改进教学方法。教师可以根据学生的学习反馈，灵活调整教学方法的比例和搭配，以实现教学效果的最大化。

拉斯卡的教学方法分类拓展了教学方法分类体系，纳入更多新的教学方法。随着教育理念和教学技术的不断发展，新的教学方法也不断涌现，如项目教学法、混合式教学法等。拉斯卡的教学方法分类体系可以进行相应的拓展，纳入更多新的教学方法，以更好地反映教学方法的丰富内涵和发展趋势。拉斯卡的教学方法分类对不同教学方法进行了初步的描述，但仍需进一步深入研究不同教学方法的内涵和特点，以更好地指导教学实践。同时，不同教学方法之间并非孤立存在，而是相互联系、相互促进的。因此，我们需要加强对不同教学方法之间关系的研究，以充分发挥不同教学方法的综合优势，为提升教学质量和促进学生全面发展提供有力支持。

（三）威斯顿和格兰顿的教学方法分类

威斯顿和格兰顿两位是美国教育界的杰出学者，以其独到的见解和深入的研究，为教学方法的分类带来了全新的启示。他们依据教学目标的多样性，构建了一个包含六大类教学方法的分类框架，这一体系不仅植根于坚实的理论基础，更在教学实践中展现出了非凡的实用价值。

六大类划分如下：

- 传递信息法：旨在有效传授知识与技能，涵盖讲授法、演示法等传统而有效的教学手段。

- 发展技能法：侧重于学生技能与技巧的培育，如练习法、案例教学法等，强调实践与应用。
- 培养理解法：致力于加深学生对概念与原理的理解，采用解释法、讨论法等互动性强的方法。
- 激发兴趣法：通过游戏教学法、竞赛教学法等创新方式，激发学生的学习兴趣与积极性。
- 发展态度法：利用角色扮演法、情境教学法等手段，塑造学生的学习态度与价值观。
- 促进批判性思维法：通过案例分析法、问题解决法等，锻炼学生的批判性思维与问题解决能力。

威斯顿和格兰顿教学方法分类具有以下三个特点：

- 目标导向性：威斯顿和格兰顿的教学方法分类以教学目标为依据，将不同类型的教学目标与相应的教学方法对应起来，确保了教学的针对性与有效性。
- 实践性强：该分类体系中的教学方法具有较强的实践性，易于教师掌握与应用，为教学实践提供了具体指导。
- 开放性：分类体系保持开放态度，允许根据教学实践的需要进行灵活调整与补充，体现了与时俱进的精神。

威斯顿和格兰顿教学方法分类的应用价值：

- 帮助明确教学目标：帮助教师清晰界定教学目标，从而选择最适合的教学方法来实现这些目标。
- 优化教学活动设计：为教师提供了一套系统的框架，用于设计和组织教学活动，确保教学活动的高效与精准。
- 促进教学反思与改进：鼓励教师基于分类体系进行教学实践的反思，不断优化教学方法，提升教学质量。

这六大类教学方法，每一类都紧密围绕特定的教学目标而设计，旨在帮助教师更加精准地选择和应用适合的教学方法。六大类教学方法不仅丰富了教学理论，更为广大教师提供了宝贵的实践指导。它帮助教师更好地理解各种教学方法的特点和适用场景，使其在教学实践中能够更加得心应手，游刃有余。

（四）我国学者的教学方法分类

在我国教育学领域中，对于教学方法的分类有着深入而系统的研究。其中，李秉德[①]教授与黄甫全[②]教授的分类体系尤为突出，他们各自以独特的视角和严谨的逻辑，构建了具有广泛影响力的教学方法分类框架。

（1）李秉德的教学方法分类模式

李秉德教授在其主编的《教学论》一书中，将教学方法划分为五大类别。这一分类体系不仅以认知心理学为理论支撑，还紧密结合了丰富的教学实践经验，从而构建出一个系统化的教学方法框架。这一框架不仅有助于教师更加清晰地理解各种教学方法的特点和适用场景，还为我们在实际教学中选择和应用教学方法提供了科学、实用的指导。

①分类内容：

- 以语言传递信息为主的方法：涵盖讲授法、谈话法、讨论法、读书指导法等。
- 以直接感知为主的方法：包括演示法、观察法、实验法、实习法等。
- 以练习为主的方法：包括练习法、训练法、操作法等。
- 以启发式为主的方法：包括问题教学法、发现法、探究法等。
- 以情感体验为主的方法：包含情景教学法、游戏教学法、故事教学法等。

②分类特点：

- 系统性：五大类别构成了一个逻辑清晰、完整全面的教学方法框架。
- 全面性：充分考虑了教学目标、内容、学生特点及教学过程等多方面因素。
- 实践性：该分类体系具有较强的实践操作性，为教师选择和应用教学方

---

① 李秉德，当代著名教育家，终生致力于教育，尤其是课程与教学论的研究，是新中国教学论、教育科学研究方法、语文教育等学科领域的开拓者和奠基人之一。

② 黄甫全，教授，博士生导师，中国教育学会课程专业委员会常任副主任，广东教育学会课程与教学论专业委员会理事长。

法提供了具体的指导，具有较强的应用价值。

③应用价值：

- 帮助教师明确教学目标，提高教学的针对性。
- 指导教师根据教学内容特点选择合适的教学方法，提升教学质量。
- 促进学生全面发展，满足学生个性化学习需求。
- 优化教学活动组织，提升教学整体效果。

（2）黄甫全的教学方法分类模式

黄甫全教授则提出了一个更为细致的教学方法层次构成分类模式，他将教学方法细分为四个层次，这一模式不仅展现了教学方法的多元性和层次性，更为教师提供了系统理解和选择教学方法的宝贵工具。

①分类内容：

- 信息传递层次：以传递知识和信息为核心，如讲授法、演示法、阅读法等。
- 技能训练层次：注重培养学生的技能和技巧，包括练习法、操作法、实验法等。
- 能力培养层次：旨在提升学生的思维能力和解决问题能力等，如问题教学法、探究法、案例教学法等。
- 情感熏陶层次：关注学生的情感和态度的培养，包括情景教学法、故事教学法、讨论法等。

②分类特点：

- 层次性：该模式将教学方法分为四个层次，每个层次都有其特定的目标和功能，体现了教学方法的递进性。
- 系统性：该模式构建了完整的教学方法体系，涵盖了教学方法的主要类型，揭示了不同层次教学方法之间的内在联系。
- 实践性：该模式具有较强的操作性和实践性，为教师在教学实践中选择和应用教学方法提供了具体的策略和方法。

③应用价值：

- 助力教师根据教学目标选择合适的教学方法，确保教学目标的达成。

- 指导教师根据教学内容特点选择合适的教学方法，提升学生对内容的理解和掌握。
- 促进学生个体发展，满足学生对不同的学习能力、认知水平和学习风格的需求。
- 优化教学活动组织，提高教学活动的效率和效果。

教学方法分类比较见表 6-1。

表 6-1 教学方法分类比较

分类方法	分类依据	主要类型
巴班斯基	教学活动的不同阶段和环节	组织教学活动、激发学习动机、检查教学效果
拉斯卡	教学目标实现方式	呈现方法、实践方法、发现方法、强化方法。
威斯顿和格兰顿	教学目标类型	传递信息、发展技能、培养理解、激发兴趣、发展态度、促进批判性思维
李秉德	教学方法的外部形态	语言传递信息、直接感知、练习、启发式、情感体验
黄甫全	教学方法的层次构成	信息传递、技能训练、能力培养、情感熏陶

如表 6-1 所呈现，本节内容聚焦于教学方法的分类进行阐述。尽管已初步描绘了各类教学方法的内涵与特性，然而其深度与精细度仍有待我们进一步深入探究。教学方法并非孤立存在，而是相互交织、互为支撑，共同构筑了一个既复杂又井然有序的体系。因此，强化对不同教学方法间相互作用的研究，对于充分发挥各类方法的综合效能、优化教学效果，具有至关重要的意义。

伴随着信息技术的日新月异，一系列新兴教学方法如混合式教学法、人工智能辅助教学等如雨后春笋般应运而生。这些创新教学法不仅为教学实践领域带来了勃勃生机，同时也提出了新的挑战与要求。在此背景下，我们需紧密跟踪新技术的发展动态，不断探索与创新教学方法，以期与时代发展步伐相契合，为学生提供更加优质、高效的教育资源与学习体验。

尽管中西方在教学方法分类上存在显著差异，但每一种分类方法都蕴含着其独特的价值与意义。它们均旨在更好地适应不同的教学环境和学生需求，进而提升教学效果与教学质量。因此，我们应以开放和包容的心态，尊重并理解这些差异，积极从中汲取有益的经验与启示，不断完善和优化教学方法。

二、主流高校教学方法

在我国当前高等教育领域，为了激发学生的学习热情并促进他们的积极参与，教师们采用了丰富多样的教学方法进行授课。除了上一节我们已经熟知的传统教学方法，如今高等教育中还涌现出了一系列更具创新性的教学方法。这些方法各有其独特的优点和局限性，因此，无论是选择传统教学方法还是选择新兴的教学方法，教师都需要提前综合考虑课程目标、学生的个性化需求、教师个人的专业技能以及教学资源的可用性等多个因素。同时，具体的教学科目以及学生的需求和偏好也是选择具体教学方法时不可忽视的重要因素。

在本部分中，我们将深入剖析当前高等教育中主流的教学方法，并探讨它们的主要特点、应用场景以及具体案例等，以期为广大教师提供更全面、更深入的教学方法参考，从而进一步提升教学质量和学生的学习效果。

（一）任务驱动教学法

（1）内容

任务驱动教学法是一种以任务为中心、以学生为中心的教学方法。它围绕着一个具体的、真实的、有意义的任务展开教学，学生在完成任务的过程中，学习相关的知识和技能，并获得解决问题的能力。

任务驱动教学法的内容主要包括以下三个方面：

- 任务：任务是任务驱动教学法的核心，它是学生学习活动的出发点和归宿。任务的选择应当遵循以下原则：真实性、有意义性、有挑战性、具有可操作性。
- 活动：活动是学生完成任务的过程。活动的形式可以多样化，包括个体活动、小组合作、课堂讨论、课外实践等。
- 评估：评估是任务驱动教学法的重要环节，它用于检验学生完成任务的效果，并为学生提供反馈。

（2）特点

任务驱动教学法具有以下四个特点：

- 以任务为中心：教学活动围绕着一个具体的任务展开，学生的学习目标和活动内容都与任务密切相关。
- 以学生为中心：学生是学习的主体，他们积极参与任务的完成过程，在主动探究和合作学习中获得知识和技能。
- 注重实践应用：任务驱动教学法强调将理论知识与实践应用相结合，学生在完成任务的过程中可以将所学知识应用于实际问题解决。
- 培养综合能力：任务驱动教学法可以培养学生的自主学习能力、合作学习能力、问题解决能力和创新能力。

（3）教学方法

任务驱动教学法的教学方法主要包括以下三个方面：

- 任务设计：教师根据教学目标和学生的实际情况设计任务。任务设计应当遵循以下原则：真实性、有意义性、有挑战性、具有可操作性。
- 任务实施：教师引导学生完成任务。教师可以提供必要的指导和帮助，但不能包办代替。
- 任务评估：教师评估学生完成任务的效果，并为学生提供反馈。

（4）高校案例分析

案例一：

在K大学的英语课程中，教师设计了一个任务，让学生以小组为单位，制作一个关于中国文化的视频。学生们需要查阅资料、拍摄视频、编辑视频，并在课堂上进行展示。

在这个任务中，学生们学习了有关中国文化的知识，并提高了英语表达能力、团队合作能力和信息素养。

案例二：

T大学的计算机科学系在教学软件开发课程时，采用项目教学法。教师将软件开发课程设计成一个项目，让学生组成团队，完成一个完整的软件开发项目。学生在项目实践过程中，需要运用所学知识和技能，并进行自主学习、合作学习和探究学习。最终，学生成功完成了项目，并获得了宝贵的实践经验。

（5）适用场景

任务驱动教学法适用于各种学科和教学场景。它可以用于以下三个方面：

- 知识传授：任务驱动教学法可以帮助学生学习新的知识和技能。
- 能力培养：任务驱动教学法可以培养学生的综合能力，如自主学习能力、合作学习能力、问题解决能力和创新能力。
- 价值观塑造：任务驱动教学法可以帮助学生树立正确的价值观。

任务驱动教学法是一种有效的教学方法，可以帮助学生更好地学习知识、掌握技能、培养能力。教师可以根据教学目标、教学内容和学生特点，选择和应用任务驱动教学法，以提高教学效果。

（6）任务驱动教学法的优势与不足

①优势：

- 提高学生主动性：任务驱动教学法鼓励学生主动参与学习过程，通过完成任务来驱动学习。这种方法能够激发学生的学习兴趣，使他们更加积极地投入学习中。
- 强调实践应用：任务驱动教学法注重将理论知识与实践应用相结合。学生在完成任务的过程中，需要运用所学知识解决实际问题，从而加深对知识的理解和记忆。
- 培养综合能力：通过完成任务，学生需要综合运用各种知识和技能，这有助于培养他们的创新思维、批判性思维、团队协作和沟通能力等综合能力。
- 促进自主学习：在任务驱动教学法中，学生需要自主规划学习进度、查找资料、解决问题，这有助于培养他们的自主学习能力和终身学习习惯。

②不足：

- 任务设计难度：任务的设计是任务驱动教学法的关键，如果任务设计过于简单或过于复杂，都会影响学生的学习效果和积极性。因此，教师需要投入大量时间和精力来设计合适的任务。
- 学生参与度不均：在任务驱动教学法中，学生的参与度可能存在差异。一些积极的学生可能会投入更多时间和精力来完成任务，而一些消极的学生则可能参与度不高,影响整体学习效果。
- 教师角色转变:任务驱动教学法要求教师从传统的知识传授者转变为学习引导者和促进者。这对于一些习惯于传统教学方法的教师来说,可能需要一定的时间来适应和转变。
- 教学资源限制:在实施任务驱动教学法时,可能需要一些特定的教学资源或工具来支持学生的学习。然而,并非所有高校或教育机构都能提供这些资源,这可能会限制任务驱动教学法的应用范围。

任务驱动教学法具有强调学生主动性、提高实践能力和培养综合能力等优势,但也存在任务设计难度高、学生参与度不均和教学进度难以控制等不足。教师在使用该方法时应根据具体情况灵活调整教学策略,以充分发挥其优势并克服其不足。

(7) 使用任务驱动教学法需要注意的问题

①任务设计的合理性:
- 目标清晰:任务目标必须明确、具体,以便学生能够清楚地理解需要完成什么,以及完成的标准是什么。
- 难度适中:任务的难度应该适中,既能够激发学生的挑战欲望,又不会过于困难导致他们失去信心。
- 内容相关:任务内容应与所学课程紧密相关,确保学生在完成任务的过程中能够应用所学知识。

②学生的个体差异:
- 因材施教:考虑到学生的文化知识、认知规律和兴趣爱好等差异,任务设计应尽可能满足不同学生的需求。
- 分组合作:对于某些复杂任务,可以采用分组合作的方式,让学生在团队中互相学习、互相支持,同时培养他们的团队协作能力。

③教师的角色定位:
- 引导与辅助:教师不再是单纯的知识传授者,而是学生的引导者和辅助者,需要在学生遇到问题时提供及时的指导和帮助。
- 监控与评估:教师需要对学生的任务完成情况进行监控,确保他们按照要求进行,并及时给予反馈和评价。

④教学资源的保障：
- 资源准备：根据任务的需要，教师应提前准备好所需的教学资源，如教学材料、实验设备等。
- 技术支持：对于需要技术支持的任务，如使用计算机或特定软件，教师应确保学生具备相应的操作技能，或者提供必要的培训。

⑤评估与反馈：
- 多元化评估：采用多种方式对任务进行评估，如自评、互评、师评等，以便更全面地了解学生的学习情况。
- 及时反馈：对于学生的任务完成情况，教师应给予及时的反馈，指出他们的优点和不足，并提供改进的建议。

使用任务驱动教学法需要注意任务设计的合理性、学生的个体差异、教师的角色定位、教学资源的保障以及评估与反馈等方面的问题。只有充分考虑并妥善处理这些问题，才能确保任务驱动教学法的有效实施和良好效果。

（二）问题教学法

（1）内容

问题教学法是一种以问题为核心线索的教学方法，旨在激发学生的积极思考与探究学习。在这一教学模式中，教师需精心设计和提出富有启发性的问题，以点燃学生的学习兴趣，引导他们主动探索知识的奥秘。通过这一过程，学生的思维能力与解决问题的能力将得到显著提升，从而为其全面发展奠定坚实基础。

（2）特点

问题教学法具有以下四个特点：
- 以问题为中心，问题是教学活动的出发点和归宿。
- 启发性强，引导学生积极思考，主动探究。
- 发展性强，培养学生的思维能力和解决问题的能力。
- 趣味性强，提高学生的学习兴趣。

（3）教学方法

问题教学法的教学方法主要有以下四种：

- 导入新课时，教师可以提出问题，引起学生的思考，激发学生的学习兴趣。
- 讲解新知识时，教师可以提出问题，引导学生思考，帮助学生理解知识。
- 巩固练习时，教师可以提出问题，检验学生的学习效果，查漏补缺。
- 课堂讨论时，教师可以提出问题，引导学生进行交流和探讨，促进学生的思维发展。

（4）高校案例分析

案例一：

S高校教师在讲解"微积分"课程时，为了激发学生的学习兴趣，在课堂上提出了以下问题：

在日常生活中，你有哪些问题可以用微积分来解决？

学生们积极思考，踊跃发言，提出了许多问题，例如：

- 如何计算物体的运动速度？
- 如何计算曲线的面积？
- 如何计算物体的体积？

教师抓住学生的兴趣点，引导学生进行探究，帮助学生理解微积分的基本概念和原理。

案例二：

Y高校教师在讲解"教育学"课程时，为了培养学生的思维能力，在课堂上提出了以下问题：

如何培养学生的学习兴趣？

学生们展开热烈讨论，提出了许多方法，例如：

- 创设生动活泼的教学情境。
- 运用多种教学方法，提高学生的学习积极性。
- 加强师生互动，促进学生的学习效果。

教师对学生的观点进行点评，引导学生进行反思，帮助学生提高思维能力。

（5）适用场景

问题教学法适用于各种学科和教学环节，但需要注意以下五点：

- 问题要精心设计，符合学生的认知水平和学习特点。

- 问题要有一定的难度，能够激发学生的思考兴趣。
- 教师要给予学生充分的思考时间和空间。
- 教师要及时对学生的回答进行反馈和评价。
- 注意问题的梯度和层次。

问题教学法是一种有效的教学方法，能够提高学生的学习兴趣和学习效果，值得教师们广泛应用。

问题教学法可以广泛应用于大多数教学场景，主要包括以下四点：

- 新知识的引入：通过提出问题，引导学生思考新知识与已有知识之间的联系，激发学生的学习兴趣。
- 知识的理解和巩固：通过提问，引导学生回忆、分析和归纳知识，加深对知识的理解和记忆。
- 能力的培养和训练：通过设计开放性、探究性问题，引导学生分析问题、解决问题，培养学生的思维能力、创新能力和实践能力。
- 情感态度的价值观引导：通过提出具有价值导向的问题，引导学生思考、讨论，树立正确的人生观、价值观。

（6）问题教学法的优势与不足

①优势：

- 激发学生思考：问题教学法通过提出具有挑战性和启发性的问题，引导学生进行深入思考，从而培养他们的逻辑思维能力和独立思考能力。
- 提高学生参与度：这种方法鼓励学生积极参与课堂讨论，与教师和同学进行互动交流，提高学生的课堂参与度。
- 培养问题解决能力：问题教学法注重培养学生发现问题、分析问题和解决问题的能力，有助于他们日后在面对实际问题时能够迅速找到解决方案。
- 促进知识内化：通过解决问题，学生能够更深入地理解和掌握知识，实现知识的内化。

②不足：

- 对教师要求较高：教师需要具备丰富的知识储备和较高的教学能力，才能设计出具有启发性的问题并引导学生进行深入讨论。

- 学生适应性问题：部分学生可能不适应这种教学方法，他们可能更喜欢传统的讲授式教学，对于需要主动参与和思考的问题教学法感到不适。
- 时间成本较高：问题教学法需要花费较多的课堂时间进行讨论和互动，可能会影响教学进度。
- 对教学环境的依赖：问题教学法的实施需要一定的教学环境支持，如小组讨论、课堂互动等，如果教学环境不具备这些条件，可能会影响教学效果。

在采用问题教学法时，需要充分考虑其优势和不足，并结合实际情况进行灵活应用。同时，教师也需要不断提升自身的教学能力，以更好地引导学生进行深入学习和思考。

（7）使用问题教学法需要注意的问题

- 问题的设计是关键。问题应该突出教材的重点和难点，具有科学性、启发性、典型性和深刻性。问题的难易程度要适中，既要有趣味性，能够激发学生的好奇心，又要有挑战性，能够引导学生深入思考。同时，问题还需要具有延展性，能够引发学生的进一步探索和学习。
- 教师提问的方式和时机也非常重要。提问的语速快慢要得宜，提问的次数要得当。教师要注意在恰当的时机提出问题，如在知识点转换处或学生产生疑惑时。同时，提问的方式要多样化，可以是开放式问题，也可以是封闭式问题，要根据具体情况灵活运用。
- 教师还要注重问题互动和思维引导。要鼓励学生自己提出问题和解决问题，培养他们的批判性思维和创新能力。在问题解答过程中，教师要引导学生主动建构知识，提升他们的能力。
- 教师需要牢记问题教学法的理念，即问题设计应更好地反映教学内容，培养学生的创新精神和综合能力。不能仅为提出问题而提问，要关注问题的质量和功效，实现知识、能力、情感三种教学目标的协同发展。
- 教师还需要营造一个平等、和谐的学习氛围。要尊重学生的不同见解，鼓励他们大胆提问和发表观点。当学生遇到问题时，教师要耐心分析、解答，帮助他们克服困难。同时，教师还要用鼓励和肯定的语气和表情来增强学生的自信心和学习动力。

使用问题教学法时，教师需要精心设计问题、注意提问方式和时机、注重问题互动和思维引导、牢记问题教学法的理念以及营造平等和谐的学习氛围。这样才能更好地发挥问题教学法的优势，提升教学质量和学生的学习效果。

（三）情境教学法

（1）内容

情境教学法是一种注重情感体验与场景创设的教学方法。在教学过程中，教师会特意引入或创设富有情绪色彩的具体场景，这些场景通常以形象为主体，旨在引发学生特定的情感反应和态度体验。通过这种方式，情境教学法不仅有助于学生更深入地理解教材内容，还能够促进他们心理机能的全面发展，使教学更具实效性和感染力。

（2）特点

情境教学法具有以下四个特点：

- 直观性：情境教学法通过创设生动具体的场景，使学生能够直观地感知和理解知识。
- 趣味性：情境教学法能够激发学生的学习兴趣，使学生积极主动地参与到教学活动中。
- 参与性：情境教学法能够让学生亲身经历和体验知识，从而加深对知识的理解和记忆。
- 发展性：情境教学法能够促进学生的思维能力、想象力、创造力等心理机能的发展。

（3）教学方法

情境教学法可以采用多种教学方法，常见的有以下四种：

- 实物演示：利用实物、模型、图片等直观教具，创设逼真的情境。
- 角色扮演：让学生扮演不同的角色，在情境中进行互动。
- 案例分析：通过分析真实案例，让学生了解知识在实际中的应用。
- 情景模拟：模拟真实的情景，让学生在情境中进行学习。

(4) 高校案例分析

案例一：

B 高校在教学"市场营销"课程时，采用情境教学法，将学生分为不同的团队，每个团队模拟一家企业，进行市场营销策划。学生们通过查阅资料、市场调查、制订方案、实施方案等活动，对市场营销有了更深入的理解。

案例二：

J 高校在教学"护理学"课程时，采用情境教学法，建立了模拟医院，让学生扮演医护人员，在模拟病房中进行护理操作。学生们通过亲身实践，掌握了护理的基本技能和操作规范。

(5) 适用场景

情境教学法适用于以下场景：

- 需要学生直观感知和理解的知识。
- 需要学生积极主动参与的教学活动。
- 需要学生亲身经历和体验的知识。
- 需要培养学生思维能力、想象力、创造力等心理机能的教学活动。

在运用情景教学法的同时，我们需要注意以下事项：

- 情境教学法的创设要符合教学目标和学生的认知水平。
- 情境教学法要与其他教学方法相结合，发挥其最佳效果。
- 情境教学法的评价要注重学生的学习过程和情感体验。

(6) 情境教学法的优势与不足

①优势：

- 激发学习兴趣与动机：情境教学法通过构建生动、具体的教学场景，将抽象的知识与现实生活相结合，从而激发学生的学习兴趣和好奇心，使他们更加主动地参与到学习中来。
- 促进知识理解与内化：在情境中学习，学生可以通过直观感知和亲身体验来理解和掌握知识，这种学习方式有助于知识的内化，使学生更好地理解和记忆所学内容。
- 培养实践能力与问题解决能力：情境教学法注重学生的实践参与和问题

解决过程，通过模拟真实情境或解决实际问题，学生可以锻炼自己的实践能力和问题解决能力，提高综合素质。
- 提升情感体验与情感态度：情境教学法强调学生的情感体验，通过让学生在情境中感受、体验和反思，可以培养他们的积极情感态度和价值观，促进学生的全面发展。
- 促进合作与交流：情境教学法往往需要学生进行合作与交流，这有助于培养学生的团队合作和沟通交流能力。

②不足：
- 教学资源需求高：构建生动具体的教学情境需要大量的教学资源和准备工作，包括场地、道具、设备等，这对学校和教师提出了一定的挑战。
- 实施难度较大：情境教学法的实施需要教师具备较高的教学设计能力和课堂管理能力，同时还需要学生的积极配合和参与，因此实施起来可能存在一定的难度。
- 教学进度控制：由于情境教学法注重学生的体验和探究过程，可能会占用较多的课堂时间，导致教学进度难以控制。
- 不适用于所有教学内容：情境教学法更适合于一些具有实际应用场景或情感色彩的教学内容，对于一些抽象性较强或理论性较强的知识点，可能不太适合采用情境教学法。

情境教学法具有诸多优势，但也存在一些实施上的挑战和限制。在使用情境教学法时，教师需要结合实际情况进行灵活应用，充分发挥其优势，同时注意克服其不足，以提高教学效果和质量。

（7）使用情境教学法需要注意的问题

①情境选择与设计的合理性：
- 与教学目标和内容匹配：情境的选择应紧密围绕教学目标和教学内容，确保情境能够有效地帮助学生理解和掌握知识。
- 真实性与生动性：情境应尽可能真实，能够引发学生的共鸣和兴趣。同时，情境的描述要生动具体，使学生能够身临其境。
- 适度性与可操作性：情境的难度要适中，既要具有一定的挑战性，又不能过于复杂或烦琐。此外，情境要具有可操作性，方便学生在课堂上进行模拟和实践。

②学生参与度的提升：

- 激发学生兴趣：通过设计有趣、富有挑战性的情境，激发学生的好奇心和探究欲望，使他们更加积极地参与到学习中来。
- 引导学生探究：教师要在情境中设置问题或任务，引导学生主动探究和思考，培养他们的自主学习和解决问题的能力。
- 关注个体差异：不同的学生可能对情境有不同的反应和体验，教师要关注每个学生的需求和差异，给予他们适当的指导和帮助。

③教师角色的转变与引导：

- 从主导者变为引导者：在情境教学中，教师要从传统的知识传授者转变为学生的引导者，帮助学生发现问题、解决问题。
- 提供必要的支持：教师要在情境中提供必要的资源和支持，帮助学生顺利进行学习和实践。同时，教师还要对学生的表现给予及时的反馈和评价。

④教学效果的评估与反思：

- 制定明确的评估标准：在使用情境教学法时，教师要制定明确的评估标准，以便对学生的学习效果进行客观、全面的评价。
- 注重过程与结果的结合：评估不仅要关注学生的学习成果，还要关注他们在情境中的表现和参与过程，以便更全面地了解学生的学习情况。
- 及时反思与调整：教师要根据评估结果及时反思自己的教学实践，对情境教学法的应用进行调整和改进，以更好地满足学生的学习需求。

使用情境教学法时，教师需要关注情境的选择与设计、学生参与度的提升、教师角色的转变与引导以及教学效果的评估与反思等方面的问题，以确保情境教学法的有效实施和良好效果。

（四）启发式教学法

（1）内容

启发式教学法是一种以启发学生的思维为核心的教学指导思想和教学方法。

它强调学生是学习的主体，教师要调动学生的学习积极性，引导学生主动、积极、自觉地掌握知识。

启发式教学法的基本内容主要包括以下三个方面：

- 启发学生的思维：这是启发式教学法的核心。教师要通过多种方式，激发学生的学习兴趣，引导学生积极思考，独立探究，从而获得知识和提升能力。
- 调动学生的学习积极性：学习积极性是学生学习的主观动力。教师要采取有效措施，调动学生的学习积极性，使学生主动参与到学习过程中来。
- 培养学生的学习能力：学习能力是学生获取知识和技能的关键。教师要注重培养学生的学习能力，使学生学会学习，成为终身学习者。

（2）特点

启发式教学法具有以下三个特点：

- 以学生为主体：启发式教学法强调学生是学习的主体，教师要尊重学生的个体差异，为学生的自主学习创造条件。
- 启发思维：启发式教学法注重启发学生的思维，引导学生积极思考，独立探究，从而获得知识和提升能力。
- 培养能力：启发式教学法注重培养学生的学习能力，使学生学会学习，成为终身学习者。

（3）教学方法

启发式教学法的教学方法主要有以下四种：

- 提问法：通过提出问题，引导学生思考，探究知识。
- 讨论法：组织学生进行讨论，在交流中碰撞思维，激发学生的学习积极性。
- 探究法：引导学生进行探究性学习，在实践中获得知识和能力。
- 案例法：通过分析案例，引导学生思考，解决问题。

（4）高校案例分析

案例一：

B 高校教师在讲解"微积分"课程时，采用启发式教学法。教师首先提出一个问题："已知函数 $f(x)$ 在区间 $[a, b]$ 上连续，求函数 $f(x)$ 在该区间上的最大值和最小值。"

学生们经过思考，提出了几种求解方法。教师对学生的解法进行点评，并引导学生进一步思考：

- 如何判断函数在区间上的最大值和最小值？
- 存在哪些求解最大值和最小值的方法？
- 这些方法的优缺点是什么？

通过讨论和分析，学生们不仅掌握了求解函数最大值和最小值的方法，而且学会了如何分析问题、解决问题。

案例二：

S 高校教师在讲解"中国古代文学"课程时，采用案例教学法。教师选取了《红楼梦》中的"林黛玉之死"这一案例，引导学生进行分析和讨论。

学生们通过阅读文本、观看视频、查阅资料等方式，对林黛玉之死的原因进行了多角度的分析。在讨论中，学生们各抒己见，有的认为林黛玉之死是封建社会的必然结果，有的认为是贾母、王夫人等人的迫害导致的，还有的认为是林黛玉性格缺陷造成的。

通过对案例的分析，学生们不仅加深了对《红楼梦》这部作品的理解，而且提高了对中国古代文学的鉴赏能力。

（5）适用场景

启发式教学法适用于以下场景：

- 学生已经具备一定的知识基础和学习能力。
- 教学内容具有启发性、探究性。
- 教学目标要求学生学会学习、思考和解决问题。

（6）启发式教学法的优势和不足

①优势：

- 激发学生主动性：启发式教学法鼓励学生主动思考、探索问题，而不是被动地接受知识。这有助于提高学生的学习兴趣和积极性，使他们更加主动地参与到学习过程中。
- 培养思维与创新能力：通过引导学生自主思考和解决问题，启发式教学法能够培养学生的逻辑思维、批判性思维以及创新能力，帮助他们形成独立思考和解决问题的能力。
- 提高学习效率：学生在主动探究和发现知识的过程中，能够更好地理解和掌握知识，从而提高学习效率。同时，这种方法也有助于学生形成长期记忆，减少遗忘。
- 促进师生互动：启发式教学法强调教师的引导和学生的参与，有助于形成师生之间的互动和合作，营造良好的课堂氛围。

②不足：
- 对教师要求高：启发式教学法需要教师具备较高的教学水平和丰富的知识储备，能够设计出富有启发性的问题或情境，引导学生进行深入思考。如果教师能力不足或准备不充分，可能会影响教学效果。
- 实施难度较大：启发式教学法要求学生具备较高的自主学习能力和探索精神，对于一些学习基础薄弱或缺乏学习兴趣的学生来说，可能难以适应这种方法。此外，该方法还需要教师具备较高的课堂掌控能力，以确保课堂秩序和教学效果。
- 评估标准难以确定：启发式教学法注重学生的过程性学习和能力发展，而传统的评估方式往往侧重于结果性评价。因此，如何科学、合理地评估启发式教学法的教学效果，是一个需要解决的问题。

启发式教学法具有诸多优势，但也存在一些不足。在实际应用中，教师需要结合学生的实际情况和学科特点，灵活运用该方法，以达到最佳的教学效果。同时，教师还需要不断探索和完善启发式教学法的教学策略和评估方式，以适应不同学生的学习需求和发展目标。

（7）使用启发式教学法需要注意的问题
- 确保问题的启发性和适宜性：启发式教学法的核心在于通过问题来引导学生思考和探索。因此，教师需要精心设计问题，确保问题具有启发性和适宜性。问题应该能够激发学生的好奇心和探究欲望，同时又要符合学生的认知水平和学科特点。避免问题过于简单或过于复杂，以免失去启发意义或导致学生无法入手。

- 关注学生的个体差异：学生的基础、兴趣和能力各不相同，因此在使用启发式教学法时，教师需要关注学生的个体差异。要针对不同学生的特点，设计不同难度和层次的问题，以满足不同学生的需求。同时，教师还要关注学生的学习过程，及时给予指导和帮助，确保每个学生都能得到有效的启发和引导。
- 平衡教师引导和学生自主：启发式教学法强调学生的自主性，但并不意味着教师可以完全放手不管。教师需要在适当的时候给予学生引导和提示，帮助他们找到解决问题的方向和思路。同时，教师也要尊重学生的自主权和选择权，允许学生按照自己的方式和方法进行探究和学习。
- 注重课堂互动与反馈：启发式教学法需要良好的课堂氛围和师生互动。教师要鼓励学生积极参与课堂讨论和分享，形成良好的互动氛围。同时，教师还要及时给予学生反馈，对他们的表现进行评价和指导，帮助他们认识不足并改进学习方法。
- 避免形式化和机械化：有些教师在使用启发式教学法时，可能会过于注重形式而忽略了实质。例如，仅仅是为了提问而提问，或者将问题作为教学的唯一手段。这样做不仅无法发挥启发式教学法的优势，还可能使学生感到厌倦和困惑。因此，教师需要避免形式化和机械化的倾向，确保启发式教学法真正为学生的学习和发展服务。

使用启发式教学法时，教师需要关注问题的设计、学生的个体差异、教师引导与学生自主的平衡、课堂互动与反馈以及避免形式化和机械化等问题。通过综合考虑这些因素，教师可以更好地运用启发式教学法，提高教学效果并促进学生的全面发展。

（五）讨论式教学法

（1）内容

讨论式教学法是一种充分凸显学生主体地位的教学方法，其核心在于激发学生的主动性和参与性。在这种方法中，教师扮演着引导者和促进者的角色，巧妙地引导学生围绕特定的主题或问题展开深入而富有意义的讨论。通过热烈的交流和激烈的辩论，学生不仅能够获取知识，更能够锻炼批判性思维，提升沟通能力以及培养团队协作能力。讨论的内容应广泛而多元，可以涵盖学科知识、社会热点、案例分析等多个层面，使学生在思维的碰撞中拓宽视野，提升综合素养，为未来的学习和生活奠定坚实的基础。

（2）特点

讨论式教学法具有以下四个特点：

- 以学生为中心：学生是讨论的主体，教师扮演引导者和组织者的角色。
- 主动参与：学生需要积极思考、发表观点、参与辩论，才能获得学习效果。
- 相互启发：学生通过交流和合作，可以学习他人的观点，拓展自己的思路。
- 培养能力：讨论式教学法可以培养学生的独立思考能力、批判性思维能力、口头表达能力和团队合作能力。

（3）教学方法

讨论式教学法可以采用多种教学方法，常见的有：

- 案例分析法：在讨论中引入具体的案例，让学生围绕案例进行分析和讨论。这有助于学生将理论知识与实际问题相结合，提高他们的分析能力和问题解决能力。
- 角色扮演法：通过设定特定的场景和角色，让学生在讨论中扮演不同的角色，从而更深入地理解和探讨问题。这种方法有助于提高学生的参与度，加深学生对问题的认识深度。
- 小组合作法：将学生分成小组进行讨论，每个小组内的成员可以相互协作、分享观点，并共同解决问题。这有助于培养学生的团队合作精神和沟通能力。
- 辩论法：组织学生进行辩论，让他们就某一问题或观点进行正反方的辩论。这种方法可以激发学生的思维活跃度，提高他们的逻辑思维和表达能力。
- 提问法：在讨论过程中，教师可以通过提问的方式引导学生深入思考，帮助他们发现问题的关键和解决方案。同时，学生也可以向教师或其他同学提问，以获取更多的信息和观点。

- 总结归纳法：在讨论结束后，教师可以引导学生对讨论的内容进行总结和归纳，帮助他们整理思路、巩固知识，并形成自己的见解和结论。

（4）高校案例分析

案例一：

H 高校马克思主义基本原理概论课程中，教师精心挑选案例，案例内容应与课程内容相关，并具有一定的讨论价值。教师为学生提供案例材料和相关背景资料，引导学生进行预习。在教学过程中，教师将学生分成若干小组，每个小组围绕案例进行讨论。教师在课堂上进行巡视，观察学生的讨论情况，并适时给予引导和帮助。学生在讨论结束后，进行小组汇报，并与其他小组进行交流和辩论。教师对课堂讨论进行总结，并提出思考问题，引导学生进行进一步的学习和思考。

案例二：

C 高校法学专业模拟法庭课堂，模拟法庭是一种将讨论式教学法与角色扮演相结合的教学方法，学生扮演法庭中的不同角色，在这个过程中，不同角色的讨论论点、论据都直接影响着课堂中模拟案件的进展情况，在教师带领下的课后复盘可以更好地让学生通过模拟法庭审理案件来学习法律知识和技能。

（5）适用场景

讨论式教学法适用于以下场景：

- 需要培养学生独立思考能力、批判性思维能力、口头表达能力和团队合作能力的课程。
- 需要学生积极参与、深入探讨的课程。
- 课程内容具有开放性、争议性或复杂性的课程。

（6）讨论式教学法的优势与不足

①优势：

- 促进学生主动参与和深入思考：讨论式教学法鼓励学生积极发言，参与讨论，这有助于激发学生学习的主动性和积极性。同时，在讨论过程中，学生需要深入思考，对问题进行多角度的分析，从而培养批判性思维能力和问题解决能力。
- 培养学生的团队协作和沟通能力：讨论式教学法通常以小组形式进行，

学生在小组内需要相互协作，共同解决问题。这有助于培养学生的团队协作精神和沟通能力，提高他们在团队中的表现。
- 拓宽学生的知识视野：在讨论过程中，学生可以从不同角度、不同层面了解问题，从而拓宽知识视野，增强对问题的全面认识。
- 提升教师的教学效果：通过讨论，教师可以及时了解学生对知识的掌握情况，以便调整教学策略，提高教学效果。

②不足：
- 课堂秩序难以控制：在讨论过程中，学生可能会因为意见不合而产生争执，导致课堂秩序混乱。这需要教师具备较高的课堂管理能力，确保讨论有序进行。
- 讨论效果受学生水平影响：如果学生的知识储备不足或思维能力有限，可能会导致讨论难以深入，甚至偏离主题。因此，教师在选择讨论话题和分组时需要充分考虑学生的实际情况。
- 耗时较长：讨论式教学法通常需要花费较多的时间进行讨论和交流，这可能会影响到教学进度。因此，教师在使用讨论式教学法时需要合理安排时间，确保教学任务的完成。

讨论式教学法具有促进学生主动参与、培养团队协作和沟通能力等优势，但也存在课堂秩序难以控制、讨论效果受学生水平影响以及耗时较长等不足。教师在使用时应根据具体情况灵活调整教学策略，以充分发挥其优势并克服其不足。

（7）使用讨论式教学法需要注意的问题
- 教师要做好充分的准备，包括选择合适的主题或问题、设计讨论问题、准备讨论材料等。
- 教师要引导学生积极参与讨论，并控制讨论的进度和方向。
- 教师要对讨论进行总结和评估，并给予学生反馈。
- 要注意学生的个体差异，为不同层次的学生提供不同的支持。

讨论式教学法是一种有效的教学方法，能够帮助学生更好地学习和成长。教师在使用讨论式教学法时，要注意发挥学生的主动性和积极性，并给予学生必要的指导和帮助。

（六）目标教学法

（1）内容

目标教学法是一种以教学目标为核心和主导线索的教学方法，它强调将宏观的教学目标细化为具体、可观察的行为目标，并以此作为教学活动设计的基石和教学效果评价的依据。通过这种方法，教师能够更有针对性地组织教学内容，引导学生达成预定目标，从而确保教学的高效性和实效性。

目标教学法的基本内容包括：

- 教学目标：教学目标是教学活动的预期结果，是教学过程的出发点和归宿。目标教学法要求教师在教学活动开始之前，明确具体的、可观察的行为目标。
- 教学内容：教学内容是实现教学目标的载体。目标教学法要求教师根据教学目标选择和组织教学内容，确保教学内容与教学目标的一致性。
- 教学方法：教学方法是教师为实现教学目标而采取的策略和手段。目标教学法要求教师根据教学目标和学生的实际情况，选择和运用合适的教学方法。
- 教学评价：教学评价是检验教学目标是否达成的过程。目标教学法要求教师根据教学目标设计评价方案，对教学效果进行客观、公正的评价。

（2）特点

目标教学法具有以下四个特点：

- 明确性：目标教学法要求具有明确具体的教学目标，使教师和学生都清楚教学的方向和目标。
- 导向性：目标教学法以教学目标为导向，教学过程中的所有活动都围绕着教学目标展开。
- 可操作性：目标教学法要求教学目标可观察、可测量，以便于进行教学评价。
- 灵活性：目标教学法要求教师根据教学目标和学生的实际情况，灵活选择和运用教学方法。

（3）教学方法

目标教学法可以采用多种教学方法，常见的有：

- 讲授法：教师通过讲解、演示等方式向学生传授知识。
- 讨论法：教师组织学生围绕某个问题进行讨论，引导学生积极思考、发表见解。
- 练习法：教师通过练习、作业等方式巩固学生的知识和技能。
- 案例教学法：教师通过分析案例，引导学生学习和解决实际问题。
- 项目教学法：教师组织学生围绕某个项目进行合作学习，培养学生的综合能力。

（4）高校案例分析

B 高校教师在讲授"计算机网络"课程时，采用目标教学法。

- 教学目标：通过学习，学生能够掌握计算机网络的基本概念、原理和技术，并能够运用所学知识解决简单问题。
- 教学内容：计算机网络的基础知识、网络协议、网络互联、网络应用等。
- 教学评价：通过课堂测试、作业、课程设计等方式进行评价。

（5）适用场景

目标教学法适用于各种教学情境，尤其适用于以下场景：

- 教学内容比较复杂，需要明确的学习目标的场景。
- 需要培养学生的学习能力和自主学习能力的场景。
- 需要对教学效果进行客观、公正的评价的场景。

（6）目标教学法的优势与不足

①优势：

- 明确教学方向：目标教学法为教学提供了清晰、明确的目标，使教师和学生都能清楚地了解每堂课的教学目的和预期效果。这有助于确保教学活动始终围绕核心目标进行，提高教学效率。
- 调动学生积极性：通过设定具体、可达成的教学目标，目标教学法能够激发学生的学习热情和兴趣，使他们更加主动地参与到教学过程中来。
- 提高教学效果：目标教学法注重目标的设定和实现，使教师在教学过程中更加关注学生的学习需求和实际情况，从而有针对性地调整教学策略，提高教学效果。
- 促进学生全面发展：目标教学法不仅关注知识的传授，还注重培养学生的能力、情感态度和价值观等，有助于促进学生的全面发展。

②不足：
- 过度强调目标达成：有时，目标教学法可能过于强调目标的达成，而忽视了学生的个体差异和学习过程。这可能导致部分学生因无法达到既定目标而感到挫败，影响他们的学习积极性。
- 教学目标设计问题：在实践中，有时会出现教学目标设计大、空、宽，或者目标虚设、缺失、错位等问题。这可能导致前期教学目标和后期学生学习行为的不一致，影响教学效果。
- 忽视学生主体地位：目标教学法在实施过程中，有时可能过于强调教师的主导作用，而忽视了学生的主体地位。这可能导致学生在教学过程中的参与度不高，影响他们的学习效果。
- 教学模式僵化：在某些情况下，目标教学法可能过于僵化，缺乏灵活性和创新性。这可能导致教师在教学过程中过于依赖既定的教学目标和模式，无法根据学生的实际情况进行有针对性的调整。

目标教学法具有明确教学方向、调动学生积极性、提高教学效果和促进学生全面发展等优势，但也存在过度强调目标达成、教学目标设计问题、忽视学生主体地位和教学模式僵化等不足。因此，在使用目标教学法时，教师应结合实际情况，灵活调整教学策略，以充分发挥其优势并克服其不足。

（7）使用目标教学法需要注意的问题

①目标设定的合理性与明确性：
- 与课程标准和教学内容相匹配：设定的目标应紧密结合课程标准和教学大纲，确保教学目标的准确性和科学性。同时，目标应具体、明确，能够清晰地指导教师的教学行为和学生的学习活动。
- 考虑学生的实际情况：教师在设定目标时，需要充分了解学生的知识基础、学习能力、兴趣爱好等，确保目标既具有挑战性又符合学生的实际情况。

②目标实施的灵活性与创新性：
- 避免机械套用：虽然目标教学法强调目标的导向作用，但教师不应机械地套用目标教学法，而应根据具体情况灵活调整教学策略和方法。
- 鼓励创新与探索：教师在实施目标教学法时，应鼓励学生积极参与教学过程，提出自己的见解和想法，培养学生的创新思维和实践能力。

③目标达成度的评估与反馈：
- 设计合理的评估方式：教师应根据教学目标设计相应的评估方式，以便及时、准确地了解学生的学习情况和目标达成度。评估方式可以包括课堂测试、作业检查、学生自评和互评等。
- 提供及时有效的反馈：教师应及时给予学生反馈，肯定他们的进步和成绩，指出存在的问题和不足，并提供具体的改进建议。同时，教师还应根据学生的反馈调整教学目标和教学策略，以更好地满足学生的学习需求。

使用目标教学法时，教师需要关注目标设定的合理性与明确性、目标实施的灵活性与创新性、目标达成度的评估与反馈以及注重过程性评价与综合性评价等问题。通过综合考虑这些因素，教师可以更好地运用目标教学法，提高教学效果并促进学生的全面发展。

（七）讲授教学法

（1）内容

讲授教学法，作为一种以教师为主导的传统教学模式，其核心在于教师利用口头表达的方式，向学生传递知识、技能和思想。这种方法在教学中占据着重要的地位，是普遍应用的教学方式之一。讲授的内容广泛而多样，不仅涵盖学科知识、理论框架、概念界定、原理阐释以及方法指导，还包括技能培养、技巧传授以及经验分享等，为学生的学习提供了丰富的素材和有针对性的指导。

（2）特点

讲授教学法具有以下三个特点：
- 教师主导：教师是教学过程中的主导者，负责组织教学活动、传授知识和引导学生学习。
- 信息传递：讲授法注重信息的传递，强调教师的语言表达能力和逻辑思维能力。
- 接受学习：学生主要通过被动接受的方式学习知识，缺乏主动性和参与性。

（3）教学方法

讲授法可以采用多种教学方法，常见的有以下四种：
- 讲解法：教师通过口头语言对知识进行系统地解释和说明。
- 演示法：教师通过实物、图片、视频等直观教具演示知识和技能。
- 讨论法：教师引导学生围绕某个问题进行讨论，激发学生的学习兴趣和积极性。
- 提问法：教师通过提问引导学生思考，促进学生理解和掌握知识。

（4）高校案例分析

在高校教学中，讲授法仍然是应用最广泛的一种教学方法。在大学课堂上，教师通常采用讲授法向学生传授专业知识和理论。以下是讲授教学法在高校教学中的应用案例：

T高校的经济学教授在给本科生讲授"宏观经济学"课程时，采用以下教学方法：

- 课程开始前，教授会向学生提供课程大纲和学习目标，帮助学生明确学习方向。
- 在课堂上，教授会使用PPT课件进行讲解，并结合案例分析和图表演示，帮助学生理解抽象的经济学概念和理论。
- 教授还会在课堂上进行提问和讨论，鼓励学生积极思考和参与，并及时解答学生的疑问。
- 课后，教授会布置作业和问题，帮助学生巩固课堂学习内容。

（5）适用场景

讲授法适用于以下场景：
- 需要向学生传授大量知识和理论的情况下。
- 学生缺乏相关知识和经验的情况下。

- 需要培养学生逻辑思维能力和分析能力的情况下。

（6）讲授法的优势与不足

①优势：

- 能够在短时间内向学生传授大量知识。
- 有利于培养学生的逻辑思维能力和分析能力。
- 适用于学生人数较多的大班教学。

②不足：

- 学生容易处于被动接受的状态，缺乏主动性和参与性。
- 不易调动学生的学习积极性。
- 不利于培养学生的创造性思维能力。

我们可以结合其他教学方法，提高学生的参与度，同时加强师生互动，激发学生的学习兴趣。在教授知识的同时，我们也要注重培养学生的自主学习能力。

（7）使用讲授教学法需要注意的问题

- 确保讲授内容的准确性和科学性：讲授教学法的核心是教师的口头传授，因此，教师必须确保所讲授的内容准确无误，符合科学性要求。在准备讲授内容时，教师要深入研究教材，了解学科前沿知识，确保信息的准确性和时效性。
- 注重讲授语言的清晰与生动：教师的讲授语言直接影响到学生的理解和接受程度。因此，教师在使用讲授教学法时，应注重语言的清晰明了和生动有趣。要避免使用过于专业或晦涩难懂的术语，尽量用通俗易懂的语言来解释复杂的概念和原理。同时，可以适当运用比喻、举例等修辞手法，使讲授内容更加生动有趣，激发学生的学习兴趣。
- 注意与学生的互动和反馈：虽然讲授教学法以教师为主导，但并不意味着教师可以完全忽视学生的参与和反馈。在讲授过程中，教师应积极与学生进行互动，鼓励学生提问、发表意见，及时了解学生的学习情况和需求。同时，教师还应根据学生的反馈及时调整讲授内容和方式，以确保教学效果的最大化。
- 避免"满堂灌"的教学方式：在使用讲授教学法时，教师要避免一味地灌输知识，忽视学生的接受能力和兴趣点。讲授过程中应适当留白，给学生留出思考和消化的时间，同时也要关注学生的反应，及时调整讲授节奏和方式，以保持学生的注意力和兴趣。
- 结合其他教学方法进行综合运用：讲授教学法虽然有其独特的优势，但并非适用于所有教学内容和场景。因此，教师在使用讲授教学法时，应结合其他教学方法进行综合运用，如讨论式教学、案例分析、实验教学等，以丰富教学手段，提高教学效果。

在使用讲授教学法时，我们需要确保讲授内容的准确性和科学性、注重讲授语言的清晰与生动、注意与学生的互动和反馈、避免采用"满堂灌"的教学方式以及结合其他教学方法进行综合运用。通过认真准备和灵活运用讲授教学法，教师可以更好地激发学生的学习兴趣，提高教学效果。

（八）谈话教学法

（1）内容

谈话教学法，亦称对话教学法，是一种以师生、生生之间深入交谈为核心的教学形式。此法强调在教学进程中，教师与学生、学生与学生之间通过平等、民主的对话方式，共同构建知识体系、锤炼思维逻辑、提升综合能力。这种教学方法旨在打破传统单向灌输的局限，鼓励学生积极参与、主动思考，从而实现知识与能力的双重提升。

谈话教学法的核心思想是：
- 教学是师生共同建构知识的过程。
- 知识不是由教师传授给学生，而是由学生在对话中建构。
- 教师的角色是对话的组织者、引导者和促进者。

（2）特点

谈话教学法具有以下五个特点：
- 以谈话、对话为主要形式。
- 师生平等、民主。
- 关注学生的个体差异。

- 培养学生的自主学习能力。
- 促进学生的全面发展。

（3）教学方法

谈话教学法常用的教学方法包括以下六种：

- 提问
- 讨论
- 探究
- 小组合作
- 角色扮演
- 案例分析

（4）高校案例分析

在 P 高校的哲学课上，教师组织学生围绕"什么是幸福"这一主题进行讨论。学生们各抒己见，有的认为幸福是物质上的满足，有的认为幸福是精神上的充实。教师引导学生们进行深入的思考，最终得出幸福是一种主观感受的结论。

（5）适用场景

谈话教学法适用于以下场景：

- 需要学生积极参与的课程。
- 需要培养学生批判性思维的课程。
- 需要培养学生合作能力的课程。

（6）谈话教学法的优势与不足

①优势：

- 激发学生主动性：谈话教学法鼓励学生积极参与讨论，发表自己的观点，从而激发了学生的主动性和创造性。这有助于培养学生的独立思考能力和批判性思维。
- 促进深度理解：通过师生、生生之间的对话交流，学生可以更加深入地理解知识，把握其内在逻辑和联系。这种深度的理解有助于知识的长期记忆和应用。
- 培养沟通能力：谈话教学法要求学生能够清晰地表达自己的观点，同时也需要倾听他人的意见，这有助于培养学生的沟通能力和团队协作精神。
- 营造民主氛围：谈话教学法强调平等、民主的对话环境，有助于建立师生之间的良好关系，营造积极的学习氛围。

②不足：
- 对教师的要求高：谈话教学法需要教师具备较高的专业素养和课堂掌控能力，能够引导学生深入讨论，避免偏离主题或陷入无意义的争论。
- 耗时较长：由于谈话教学法需要充分的交流和讨论，因此相对于传统的讲授法，它可能会消耗更多的课堂时间。这可能会影响到教学进度和知识的覆盖面。
- 学生参与度不均：在谈话教学法中，学生的参与度可能会存在差异。一些活跃的学生可能会更多地占据话语权，而一些内向的学生则可能较少发言，这可能会影响到教学的公平性和效果。
- 对教学内容的限制：谈话教学法可能更适用于某些学科或主题，而对于一些需要系统讲授和大量练习的内容，其效果可能不如传统的讲授法。

谈话教学法具有激发学生主动性、促进深度理解、培养沟通能力和营造民主氛围等优势，但也存在对教师要求高、耗时较长、学生参与度不均和对教学内容的限制等不足。因此，在实际教学中，教师应根据具体情况灵活选择教学方法，以充分发挥其优势并克服其不足。

（7）使用谈话教学法需要注意的问题
- 设计有效的谈话话题：谈话话题的选择直接关系到谈话的质量和效果。教师应根据教学目标和学生的实际情况，选择具有启发性、探讨性和挑战性的话题，以激发学生的兴趣和思考。同时，话题应具有一定的开放性和深度，能够引导学生进行深入讨论和探究。
- 确保平等民主的谈话氛围：谈话教学法强调师生、生生之间的平等对话。因此，教师在实施谈话教学法时，应尊重每一个学生的意见和表达，避免出现教师主导或学生被边缘化的情况。同时，教师应鼓励学生之间的平等交流，营造民主、和谐的谈话氛围。
- 合理掌控谈话节奏和方向：谈话教学法虽然强调学生的主动性和参与性，

但并不意味着教师可以完全放手不管。在谈话过程中，教师应合理掌控谈话的节奏和方向，确保谈话能够围绕主题展开，避免偏离主题或陷入无意义的争论。同时，教师还应根据学生的反应和需要，适时引导和点拨，帮助学生深化理解和拓展思维。

- 关注每个学生的参与情况：谈话教学法的有效实施需要每个学生的积极参与。因此，教师应密切关注每个学生的参与情况，鼓励内向或沉默的学生发表意见，同时也要防止活跃学生独占话语权。教师可以通过提问、引导等方式，让每个学生都有机会参与到谈话中来。
- 结合其他教学方法进行补充：谈话教学法虽然有其独特的优势，但也存在一定的局限性。因此，教师在使用谈话教学法时，可以结合其他教学方法进行补充，如讲授法、小组讨论法、案例分析法等。通过综合运用多种教学方法，可以更好地实现教学目标，提高教学效果。

使用谈话教学法时，教师需要关注话题设计、谈话氛围、谈话节奏和方向、学生参与情况以及与其他教学方法的结合等问题。通过认真思考和精心准备，教师可以更好地运用谈话教学法，促进学生的全面发展。

（九）演示教学法

（1）内容

演示教学法的内容主要包括以下三个方面：

- 实物演示：展示实物、模型、标本等，让学生直接观察和感知教学内容。
- 图片演示：展示图片、图表、示意图等，帮助学生理解抽象概念和复杂原理。
- 多媒体演示：利用多媒体技术，将教学内容生动形象地呈现给学生。

（2）特点

演示教学法具有以下三个特点：

- 直观性：通过直观教具，使抽象的教学内容变得具体形象，易于理解。
- 生动性：借助多媒体技术，使教学内容更加生动形象，吸引学生的注意力。
- 启发性：通过演示，激发学生的学习兴趣，引导学生进行思考和探究。

（3）教学方法

演示教学法常用的教学方法包括以下三种：

- 讲解：教师在演示过程中进行讲解，解释教学内容的关键点和难点。
- 提问：教师在演示过程中提出问题，引导学生思考和探究。
- 讨论：教师在演示结束后组织学生进行讨论，加深对教学内容的理解。

（4）高校案例分析

案例一：

N 高校生物学教师在讲解"细胞结构"时，利用显微镜向学生展示了细胞的各种结构，并结合图片和图表进行讲解，使学生对细胞结构有了直观的认识。

案例二：

T 高校物理学教师在讲解"光的色散"时，利用多媒体课件演示了光的色散现象，并结合实验视频进行讲解，使学生对光的色散原理有了更深入的理解。

（5）适用场景

演示教学法适用于以下教学场景：

- 教学内容抽象、复杂，难以通过语言描述清楚的场景。
- 需要学生通过观察和感知来理解的场景。
- 需要激发学生学习兴趣的场景。

在使用演示教学法时，应注意以下三点：

- 选择合适的直观教具，确保演示效果。
- 做好演示前的准备，确保演示过程流畅。
- 结合讲解、提问、讨论等教学方法，提高教学效果。

（6）演示教学法的优势与不足

①优势：

- 直观性强：演示教学法通过具体的演示操作，使学生直观地了解知识或技能的操作过程，有助于加深学生的理解和记忆。
- 激发学习兴趣：演示过程通常生动、形象，能够吸引学生的注意力，激发学生的学习兴趣和好奇心，提高学生学习的主动性和积极性。
- 提高教学效率：演示教学法能够快速地展示知识或技能的关键点，帮助学生快速掌握核心内容，提高教学效率。

②不足：

- 依赖演示者的技能：演示教学法的效果很大程度上取决于演示者的技能和经验。如果演示者操作不规范或演示不清晰，可能会影响学生的学习效果。
- 缺乏互动和参与：演示过程中，学生通常处于被动接受的状态，缺乏主动参与和互动的机会，这可能会影响学生的学习体验和深度。
- 难以涵盖所有内容：由于演示时间有限，可能无法涵盖所有的知识点或技能细节，导致学生在某些方面存在遗漏或理解不足。

演示教学法具有直观性强、激发学习兴趣和提高教学效率等优势，但也存在依赖演示者技能、缺乏互动和参与以及难以涵盖所有内容等不足。教师在使用时应充分发挥其优势，同时注意克服其不足，结合其他教学方法进行综合应用，以提高教学效果。

（7）使用演示教学法需要注意的问题

- 明确演示目标：在使用演示教学法之前，教师应明确演示的目标和目的，确保演示内容与教学目标紧密相关。这有助于学生在观看演示时能够明确学习重点，从而更好地理解和掌握知识。
- 准备充分的演示材料：演示材料的选择和准备对于演示教学的效果至关重要。教师应选择具有代表性、直观易懂的演示材料，确保演示过程中能够清晰地展示知识点或技能操作。同时，教师还需要提前测试演示设备，确保演示过程中设备正常运行，避免出现技术故障。
- 注意演示的规范性和准确性：演示者操作的规范性和准确性直接影响到学生的学习效果。因此，教师在演示过程中应严格遵守操作规程，确保演示动作准确、流畅。对于关键步骤或难点部分，教师可以适当放慢演示速度，详细解释，帮助学生更好地理解和掌握。
- 注重与学生的互动：虽然演示教学法以演示为主，但并不意味着教师可以忽视与学生的互动。在演示过程中，教师应适时提出问题、引导学生思考，鼓励学生提问和发表意见。通过与学生的互动，教师可以及时了解学生的学习情况，调整演示内容和方式，使演示教学更加符合学生的实际需求。
- 结合其他教学方法进行综合运用：演示教学法虽然具有直观、生动等优势，但并非适用于所有教学内容和场景。因此，教师在使用演示教学法时，应结合其他教学方法进行综合运用，如讲解法、讨论法等。通过综合运用多种教学方法，教师可以更好地实现教学目标，提高教学效果。

使用演示教学法时，教师需要明确演示目标、准备充分的演示材料、注意演示的规范性和准确性、注重与学生的互动以及结合其他教学方法进行综合运用。通过认真准备和灵活运用演示教学法，教师可以更好地激发学生的学习兴趣，提高教学效果。

（十）发现式教学法

（1）内容

发现式教学法的核心在于倡导学生的自主探索。在这一教学法中，教师并非直接灌输现成的知识，而是通过巧妙构思的问题、情境或任务，巧妙地引导学生。学生在主动思考、积极合作与交流的过程中，逐渐发现知识，进而构建自己的知识体系。这一方法不仅激发了学生的主动性和创造性，更培养了他们的独立思考能力和解决问题的能力。

（2）特点

发现式教学法具有以下四个特点：

- 学生主体性：学生是学习的主体，教师是引导者和帮助者。
- 自主探索：学生通过观察、实验、思考、讨论等方式，主动探索知识。
- 合作交流：学生在学习过程中相互交流、合作，共同探究知识。
- 积极建构：学生在发现知识的过程中，积极构建自己的知识体系。

（3）教学方法

发现式教学法可以采用多种教学方法，常见的有以下四种：

- 问题引导：教师提出开放性、探究性问题，引导学生思考。
- 情境创设：教师创设生动、真实的学习情境，激发学生兴趣。

- 任务驱动：教师设计探究性任务，让学生在完成任务中学习。
- 案例分析：教师提供案例，让学生分析问题、解决问题。

（4）高校案例分析

案例一：

Y高校微观经济学课程中，教师向学生提供了一个案例：某奶茶店推出了一款新品奶茶，但在市场上反响平平。学生们需要根据案例分析，运用消费者行为理论来解释这款新品奶茶销量不佳的原因，并提出改进建议。学生们分成小组，进行热烈讨论。每个小组需要：运用消费者行为理论分析案例中奶茶店面临的问题；提出解决问题的方案，并进行论证；选派代表进行小组汇报。通过采用发现式教学法，学生们积极参与课堂讨论，充分发挥了自己的自主学习能力和批判性思维能力，对消费者行为理论有了更深刻的理解。

案例二：

某高校历史教师在讲解"中国古代四大发明以外的卓越发明"时，让学生查阅资料、进行小组讨论，最后以演讲的形式展示自己的学习成果。

（5）适用场景

发现式教学法适用于以下场景：

- 概念性知识：适用于学习抽象、复杂的概念性知识，如数学公式、物理定律等。
- 探究性问题：适用于解决开放性、探究性问题，如科学探究、社会调查等。
- 实践性技能：适用于培养学生的实践性技能，如实验操作、设计制作等。

（6）发现式教学法的优势与不足

①优势：

- 激发学生的主动性和创造性：发现式教学法鼓励学生通过主动思考和探索来发现知识，而不是被动地接受教师的灌输。这有助于激发学生的学习兴趣和好奇心，培养他们的创造力和自主解决问题的能力。
- 促进深度理解和长期记忆：学生通过自己的探索和发现，可以更深入地理解知识，形成更加牢固的记忆。与被动接受知识相比，这种方式更有助于知识的长期保持和应用。

- 培养学生的独立思考和批判性思维：在发现式教学法中，学生需要独立思考、分析问题并寻找解决方案。这有助于培养他们的独立思考能力和批判性思维，使他们能够更好地应对复杂多变的现实世界。

②不足：

- 耗时较长，影响教学进度：发现式教学法需要学生投入大量的时间和精力进行探索和发现，这可能会导致教学进度相对较慢。对于一些时间紧迫或知识点密集的课程来说，这种方法可能不太适合。
- 对教师的要求较高：教师需要精心设计问题、情境或任务，以引导学生进行有效的探索。这要求教师具备较高的专业素养和教学能力，能够灵活应对各种可能出现的情况。
- 可能不适用于所有学生和学科：发现式教学法更适合那些具备一定基础知识和探究能力的学生。对于基础知识薄弱或缺乏探究精神的学生来说，这种方法可能会带来一定的挑战。此外，某些学科或领域可能更适合通过讲授或演示等方式进行教学，而不太适合采用发现式教学法。

发现式教学法具有诸多优势，但也存在一些不足之处。在实际应用中，教师应根据学生的实际情况和学科特点灵活选择教学方法，以最大限度地发挥其优势并克服其不足。

（7）使用发现式教学法需要注意的问题

- 问题的设计和引导：教师在设计问题或情境时，应确保其既能够激发学生的兴趣，又能够引导他们进行深入的探究。问题的难度要适中，既要避免过于简单导致学生失去兴趣，又要避免过于复杂使学生感到挫败。同时，教师还应善于运用引导技巧，帮助学生找到探究的方向和路径。
- 关注学生的个体差异：不同学生的基础知识、学习能力和兴趣点都有所不同，因此教师在使用发现式教学法时，需要充分考虑学生的个体差异，为他们提供个性化的指导和支持。对于那些基础薄弱或缺乏探究精神的学生，教师可以适当降低问题的难度，或者提供更多的帮助和引导。
- 注重培养学生的探究能力和合作精神：在发现式教学法的实施过程中，教师应鼓励学生积极参与探究活动，培养他们的独立思考和解决问题的能力。同时，教师还应引导学生学会与他人合作，共同解决问题，培养他们的团队合作精神和沟通能力。
- 注意平衡教学进度与学生探究的深度：虽然发现式教学法强调学生的自主探究，但教师仍需要关注教学进度，确保在规定的时间内完成教学任务。如果学生在探究过程中遇到了困难或偏离了方向，教师应及时给予指导和纠正，帮助他们回到正确的轨道上来。

使用发现式教学法时，教师需要精心设计问题、关注学生的个体差异、培养学生的探究能力和合作精神，并平衡教学进度与学生探究的深度。只有这样，才能充分发挥发现式教学法的优势，提高教学效果。

三、认知类别—知识类型—教学法矩阵

从上述所列举的教学方法中，我们可以明显看出，对于教师而言，最大的挑战在于如何根据每节课的认知类别和知识类型，选择最适宜的教学方法。在第五章，我们已经深入探讨了如何精准识别课程的认知类别和知识类型，而本节则专注于为具体的课程主题制定恰当的教学方法。

在课程教学计划的编制过程中，将适宜的教学方法与已辨识的认知类别和知识类型相匹配，是教师设计出既有吸引力又高效的教学计划的关键。当教学方法与特定的认知类别和知识类型相契合时，学生将能更有效地掌握课程内容，高效达成学习任务。这种科学的匹配策略确保了教学方法与课程成果的紧密对接。

以实例为证，若课程被识别为"应用"认知类别与知识类型，且主题为"解决数学问题"，则基于问题或案例的教学方法可能更为适宜。此类方法能使学生在实际情境中锻炼批判性思维，提升解决问题的能力，而非仅仅局限于公式的机械记忆。

通过科学方法选择教学方法，教师能为学生营造一个更具吸引力和实效性的学习环境，进而提升学生的学习效率，增强他们的参与度，为所有师生带来更为成功的教授和学习体验。

在此过程中，教师需首先明确每节课或每个模块的预期学习成果，以及实现

这些成果所需的认知类别和知识类型。随后，教师应审视各种可用的教学方法，并从中选择与已确定的认知类别和知识类型最为匹配的一种或多种方法。这样，所选的教学方法将更贴近学生的实际需求，更符合课程的学习目标。这种科学的选择方法已在国内外相关研究中得到验证，并得到了广泛认可。

借助这种方法选择教学法，教师还能进一步提升学生在课程学习中的参与度和积极性。当学生感知到课程内容与他们的个人学习目标和兴趣紧密相连时，他们将更加投入地学习，并能在未来环境中灵活运用所学知识。

综上所述，这种科学的教学方法选择方式有助于教师设计出既有效又引人入胜的课程计划，从而更好地满足学生的学习需求。正是基于这样的框架，笔者在此构建了认知类别—知识类型—教学法矩阵（见表6-2）。通过精准匹配教学法与认知类别和知识类型，教师能创造出引人入胜且互动性强的课程，帮助学生顺利达成预期的课程成果。这种方法既确保了学习体验的有效性，又保障了效率，还有助于教师在教学中更好地贯彻自己的教学理念，使理论讲解更具针对性和目的性，从而对学生学习产生更积极的正面影响。

表6-2：认知类别—知识类型—教学法矩阵

认知类别／知识类型	教学方法
记忆／事实性知识	讲座、演示、训练和练习、记忆、测验和考试
理解／事实性知识	带有示例的讲座、基于问题的学习、案例研究、概念图、思维导图和类比
应用／事实性知识	基于问题的学习、案例研究、学习、概念图、思维导图
分析／事实性知识	模拟、辩论和讨论
评估／事实性知识	辩论、讨论、案例研究和基于问题的学习
创造／事实性知识	设置项目、设计挑战和创造力练习
记忆／概念性知识	训练和练习、记忆和测验
理解／概念性知识	带有示例的讲座、基于问题的学习、案例研究、概念图、思维导图
应用／概念性知识	基于问题的学习、案例研究、模拟、项目和作品集
分析／概念性知识	案例研究、基于问题的学习、模拟、辩论和讨论
评估／概念性知识	辩论、讨论、案例研究和基于问题的学习
创造／概念性知识	设置项目、设计挑战和创造力练习

续表

认知类别／知识类型	教学方法
记忆／程序性知识	练习和背诵、测验
理解／程序性知识	带有示例的讲座、基于问题的学习、案例研究和模拟
应用／程序性知识	基于问题的学习、案例研究、模拟和项目
分析／程序性知识	案例研究、基于问题的学习、模拟和讨论
评估／程序性知识	辩论、讨论和案例研究
创造／程序性知识	设置项目和设计挑战
记忆／元认知性知识	反思、过程记录和自我评估
理解／元认知性知识	反思、过程记录和自我评估
应用／元认知性知识	反思、过程记录和自我评估
分析／元认知性知识	反思、过程记录和自我评估
评估／元认知性知识	反思、过程记录和自我评估
创造／元认知性知识	反思、过程记录和自我评估

如表6-2所详尽展示的，"认知类别—知识类型—教学法矩阵"构成了教师设计贴合具体课程学习成果教学计划的重要辅助工具。此矩阵全面覆盖了适用于各类认知类别与知识类型组合的教学策略，既囊括了诸如讲座、演示等传统教学手段，也纳入了基于问题的研究、案例研究等更具互动性的教学方法。

该矩阵的核心目的，在于为特定的学习成果匹配最适宜的教学法，助力教师依据认知类别与知识类型的考量，精准选定与课程主题及学习目标相契合的教学策略。同时，它也为教师提供了一个探索与实验的起点，鼓励他们在教学实践中尝试适合学生群体的不同教学法，并持续补充与完善新的教学策略，以不断优化未来的课程教学。

借助"认知类别—知识类型—教学法矩阵"，教师能够设计出更加贴合预期学习成果的课程计划，从而实现更高效的教学与学习。此外，这一矩阵还为教学文档的印证与检验提供了有力支撑，使教师能够在课程文件中详细记录教学法选择的过程，展示他们如何根据特定学习成果精心挑选相应的教学方法。同时，该矩阵还为专业认证与评估提供了宝贵的支撑材料。

对于高校而言，"认知类别—知识类型—教学法矩阵"解决了专业课程教学中如何采用多样化的教学法以满足不同类型的学习需求的问题，这通常是学科评估中的关键考量因素。综上所述，"认知类别—知识类型—教学法矩阵"不仅助力教师改进教学实践，支持学生成功获取知识，还成为高校及分院、系、部进行学科专业认证的有效工具，其价值与意义不言而喻。

第七章 ◆

实施有效的 OBE 评估

在探讨 OBE 理念时，评估作为其核心要素，对于衡量学生学习状况及评估课程成果实现进度具有举足轻重的地位。直接评估与间接评估，作为两种主要的评估方式，各自承载着不同的功能与意义。

直接评估，通过诸如测试、项目、作业等具体形式，直观地展示了学生在各个学习成果上的实际表现，为教师精准把握学生学习状况提供了有力依据。这种评估方式，聚焦于学生的学业成绩，常用于终结性成果的检验，如成绩评定和期末考试，从而确保对学生学习成效的准确衡量。

相对而言，间接评估则依托调查、访谈等多元化手段，通过收集学生及其他利益相关者的反馈，间接地衡量学生的学习效果。尽管这种方式不直接量化学生的学业成绩，但它能深入揭示学生对学习成果的看法、态度和信念，为教学改进提供宝贵的反馈信息。

在我国高等教育体系中，对直接评估与间接评估的定义可能因不同解读而存在差异。因此，在教育实践的各个层面，清晰理解这两个术语显得尤为重要。实际上，OBE 中所采用的评估类型往往受到教师所选教学方法的影响。

为了设计有效的评估机制，确保评估与课程成果紧密对接并准确反映学生的学习成效，教师需要审慎选择合适的评估类型。评估的类型多种多样，包括形成性评估、总结性评估、标准参照评估、常模参照评估以及基于表现的评估等。教师应根据课程成果、教学方法及教育层次，综合考虑并选择最适合的评估方式。

尽管评估类型和评估管理中使用的术语纷繁复杂，但为了实施的有效性和高效性，我们应力求保持术语的简洁明了。直接评估与间接评估在 OBE 的实施过程中相互补充，共同在判断学生是否达到预期学习成果方面发挥着不可替代的作用。结合这两种评估方式，教师能够更全面地了解学生的学习状况，为课程设计和教学决策提供有力支撑，从而推动教育质量的持续提升。

一、三维评价体系

三维评价体系旨在简化并明晰教师的评估流程。这一体系已在众多教育机构中成功应用，并引领教师们构建出与学习成果及目标高度一致的高效评估机制。借助此体系，教师能够确保评估活动不仅全面覆盖且紧密相关，同时对学生个体及学校整体均产生深远影响。

三维评价体系为教育工作者及教职员工搭建了一个坚实的框架，旨在设计与实施富有成效的评估策略。该体系的核心构建围绕三大维度展开：

- 类型维度：此维度囊括了评估学生学习成果的多种形式，包括直接评估与间接评估、形成性评估与总结性评估等。这些评估方式各具特色，共同构筑了评估的多元化视角，确保了评估的全面性和深入性。
- 情境维度：该维度关注不同场景下的评估实践，如课堂评估、在线评估及校外评估等。这些情境的设置体现了评估的多样性和灵活性，适应了现代教育环境的复杂多变。
- 层次维度：此维度聚焦于评估对象的不同层面，涵盖个人、小组及项目等。从微观到宏观，这些层次不仅涉及课程成果的评估，还延伸至专业培养成果乃至专业培养目标的考量，从而确保了评估的深度与广度。

通过这三大维度的有机融合，三维评价体系为教育工作者提供了一个既全面又系统的评估框架，不仅提升了评估工作的质量，还显著增强了评估的实际效果。这一体系的引入，无疑为教育评估领域注入了新的活力，推动了教育评估实践的持续进步与优化（见表 7-1）。

表 7-1 三维评价体系

第一维度（类型）	第二维度（情境）	第三维度（层次）
直接评估	课堂评估	课程成果层次
间接评估	在线评估	专业培养成果层次
形成性评估	校外评估	专业培养目标层次
总结性评估		

通过全面整合类型、情境和层次这三个维度，高校能够精准设计并实施与学习成果和目标高度一致的评估策略。同时，三维评价体系还为高校教师提供了评估策略差距的衡量工具，确保在各层次上有效追踪和评估学生的学习情况，从而进一步优化教学方案，促进学生全面发展。

（一）维度解析

评估工作可从三个层面深入展开：首先，课程的成功将在校园内通过详尽的课程成果评估来衡量；其次，毕业生的成就将在校内通过专业的培养成果评估得到验证；最后，校友在社会中的成功将通过校外的专业培养目标评估来体现。

三维评价体系的第二个维度关注的是评估情境，它与评估的类型和既定目标紧密相连。评估活动既可以在传统的课堂环境中进行，也可以转移到线上平台，甚至可以在现实世界的各种场景中展开。不同的评估情境将直接决定所需收集数据的类型及相应的方法。

三维评价体系的第三个维度则聚焦于评估的层次。如前所述，评估工作可以在个人层面细致展开，也可以在小组或项目层面进行宏观把控。这一维度与教学成功的陈述紧密相连，涵盖了从课程成果层次到专业培养成果层次，再到专业培养目标层次的多个层面。明确评估层次至关重要，因为它将深刻影响数据的收集类型、采用的方法以及最终结果的解读。

（二）评估方法

根据课程成果和目标的不同要求，教师可以灵活运用一系列工具和技术进行评估，主要包括以下八种形式：

- 测验和考试：这是一种传统的评估形式，通过笔试或口试的方式，精准衡量学生对学科知识的理解和掌握程度。
- 项目和作业：此类型评估可采取多样化的形式，如研究型论文、课堂展示或小组项目等，不仅允许学生充分展示其理解，更能运用所学知识对现实世界进行深入分析。
- 作品集：这是学生作品的集合，涵盖了书面作业、研究项目和反思等各类评估样本，能够全面呈现学生在较长时间内取得的进步与成长。
- 评分标准：作为一套系统的评估工具，它帮助教师依据一系列明确的标准或准则来评估学生的作业质量，适用于形成性和总结性评估，并为学生提供明确的预期。
- 同行评审：通过学生之间的相互反馈，不仅有助于发展批判性思维，还为他们提供了向同龄人学习的宝贵机会。
- 课程评价反馈机制：课程结束时，学生填写的调查问卷，为教师提供了宝贵的反馈，帮助他们了解课程的优点与不足，进而优化教学。
- 毕业论文/毕业设计：这通常是学生在整个专业学习结束时完成的一项重要任务，通过一项深入的研究或实践项目，充分展示其知识储备和综合能力。
- 调查问卷：这是一种有效的信息收集工具，通过设计涵盖课程内容、教学方法和总体满意度等方面的问题，收集学生对学习经历的反馈，为教师提供改进教学的依据。

以上为众多评估工具和技术中的一部分，教师在实际应用中需根据课程的具体需求和目标，选择最合适的评估工具，并充分利用评估结果来改进和优化教学。

（三）三维评价体系图示

在图7-1的坐标轴中，横轴表示评估类型，负半轴为直接评估，正半轴为间接评估。纵轴表示评估情境，正半轴代表校内评估，负半轴代表校外评估。

第一象限表示校内直接评估，如随堂小测、考试或家庭作业等。

第二象限表示校内间接评估，如用于评估学生学识的课堂讨论以及同学间评估。

	直接评估	间接评估
校内评估	第一象限	第二象限
校外评估	第三象限	第四象限

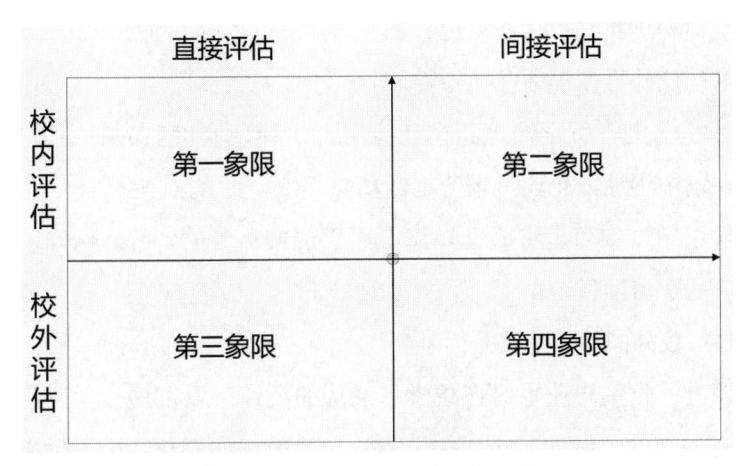

图 7-1　三维评价体系的四象限图示

第三象限表示校外直接评估，如涉及在现实世界中运用知识和技能的毕业设计或实习。

第四象限表示校外间接评估，如毕业生调查问卷或用人单位反馈，用于评估课程在帮助学生为参与现实活动所做准备的有效性。

以下是每个象限中可能的评估方式和实例解释：

第一象限：校内直接评估

传统考核方式：包括随堂小测和考试，评估学生在特定学科领域的知识和技能。例如，生物课期中考试。

表现性任务：要求学生通过完成一项任务或研究项目来展示其学习成果。例如，在历史课上进行某一历史事件的报告。

观察：此类型的评估涉及观察学生在特定情况的行为或表现。例如，在沟通技巧课程上观察学生在小组活动中的行为。

作品集：学生在相当时间内的作业集合。例如，一份包含学生一学期所有书面作业样本的写作档案袋。

第二象限：校内间接评估

调查：收集学生对其学习经历的反馈。例如，对心理学课程教学方法有效性的调查。

自我反思：学生自我反思学习情况并评估自己的进步。例如，在写作课中让学生对学习目标和进步进行书面反思。

第三象限：校外直接评估

毕业设计：学生将所学知识和技能应用于解释现实世界的研究项目。例如，在市场营销课程中为地方企业策划营销活动。

实习：学生通过实习，将所学知识应用于现实世界的实践。例如，法律课程中的律师事务所实习项目。

第四象限：校外间接评估

毕业生调查：收集毕业生对在校学习经历的反馈，以及这一学习经历对他们的职业生涯有何帮助。例如，一项关于商科专业教育如何帮助毕业生适应当前工作角色的调查。

用人单位反馈：收集用人单位对特定专业毕业生所具有的技能和知识的反馈。例如，用人单位对计算机科学专业毕业生关于行业业务能力和效果的反馈。

二、认知类别—知识类型—教学法—评估矩阵

认知类别—知识类型—教学法—评估矩阵，是一个高度整合的框架，旨在协助高校策划出高效且有针对性的课程计划与评估体系。此矩阵的核心功能在于，帮助教师将各种教学法与评估方式，与特定主题所需的认知类别及知识类型进行精准匹配，实现教学策略与学习成果的无缝对接，并助推学生走向成功。

如表7-2所示，该矩阵以清晰的表格形式呈现，详尽列出了针对不同认知类别和知识类型组合的最佳教学法。从基础的事实学习到创新思维的激发，从记忆力的锻炼到元认知能力的培养，各种教学法如讲座、演示、问题导向型学习、案例研究以及反思活动等，均得到了合理的布局与安排。

此外，矩阵还详细列出了与各种认知类别和知识类型组合相契合的评估类型。这些评估类型既包括传统的测验与测试，也包括更具创新性的项目、作品集以及自我评估等，确保了对学习成果的全面而精准的衡量。

通过运用此矩阵，教师可以针对特定的学习成果，选取经过实证验证的高效

教学法与评估方法，从而设计出既吸引学生又富有成效的课程计划。这不仅能够提升学生的学习效果，同时也使教师能够更系统、更有条理地记录其教学过程中使用的策略和学生的学习成果，为各种形式的认证提供了强有力的支撑。

表 7-2　认知类别—知识类型—教学法—评估矩阵

认知类别	知识类型	教学法	评估类型
记忆	事实型	讲座、演示、操练与练习、记诵、小测、测试	笔试、多选题、简答题
了解	事实型	案例讲座、问题导向型学习、案例研究、概念图、思维导图、类比	案例研究、小论文、研究型论文、概念图
应用	事实型	问题导向型学习、案例研究、模拟、课题研究、作品集	小组项目、模拟、案例研究、作品集
分析	事实型	案例研究、问题导向型学习、模拟、辩论、讨论	分析型小论文、研究型论文、小组辩论和讨论
评价	事实型	辩论、讨论、案例研究、问题导向型学习	小论文、研究型论文、报告
创新	事实型	课题研究、设置挑战、创造力训练	创新性项目、设计原型、艺术作品
记忆	概念型	操练与练习、记诵、小测	笔试、多选题、简答题
了解	概念型	案例讲座、问题导向型学习、案例研究、概念图、思维导图、类比	小论文、研究型论文、概念图
应用	概念型	问题导向型学习、案例研究、模拟、课题研究、作品集	小组项目、模拟、案例研究、作品集
分析	概念型	案例研究、问题导向型学习、模拟、辩论、讨论	分析型小论文、研究型论文、小组辩论和讨论
评价	概念型	辩论、讨论、案例研究、问题导向型学习	小论文、研究型论文、报告
创新	概念型	课题研究、设置挑战、创造力训练	创新性项目、设计原型、艺术作品
记忆	程序型	操练与练习、记诵、小测	笔试、多选题、简答题
了解	程序型	案例讲座、问题导向型学习、案例研究、模拟	技能测试、实验型考试、模拟
应用	程序型	问题导向型学习、案例研究、模拟、课题研究	实验报告、小组项目、模拟
分析	程序型	案例研究、问题导向型学习、模拟、讨论	分析型小论文、研究型论文、小组辩论和讨论
评价	程序型	辩论、讨论、案例研究	小论文、研究型论文、报告
创新	程序型	课题研究、设置挑战	创新性项目、设计原型
记忆	元认知型	反思、日志、自我评价	自我评价、反思性写作
了解	元认知型	反思、日志、自我评价	自我评价、反思性写作

续表

认知类别	知识类型	教学法	评估类型
应用	元认知型	反思、日志、自我评价	自我评价、反思性写作
分析	元认知型	反思、日志、自我评价	自我评价、反思性写作
评价	元认知型	反思、日志、自我评价	自我评价、反思性写作
创新	元认知型	反思、日志、自我评价	自我评价、反思性写作

认知类别—知识类型—教学法—评估矩阵有助于教师设计出与学习成果紧密相连的高效教学计划和评估体系。针对特定的认知类别和知识类型，运用经过实证验证的教学实践，教师能够为学生打造更具吸引力和影响力的学习体验，激发他们的学习兴趣和动力。

此外，通过在课程档案中详细记录所使用的教学法和评估方式，教师能够为评审提供充分且有力的证据，证明其教学策略的有效性和学生的学习成果。这不仅有助于提升教师的专业声誉，也有助于学校整体教学质量的提升。

最终，借助这一矩阵，教师能够更有效地支持学生走向成功，并在高等教育中培育一种不断进取、追求卓越的文化氛围。这不仅对学生的个人成长具有深远的影响，也对整个教育体系的进步与发展起到积极的推动作用。

三、创建评估标准

评估标准是教师在评价学生作业时的重要工具，它为评价学生的表现提供了一套明确、具体且可衡量的标准——从而确保教师对作业进行一致、公平的评分。这套标准可广泛应用于各类评估，包括论文、报告、课题研究乃至课堂参与等。

要创建有效的评估标准，教师需要遵循以下五个关键步骤：

第一，明确学习效果。这意味着要精确界定作业所需评估的具体学习效果，这些效果必须是可衡量的，并与课程目标紧密相连。实际上，在设定课程成果和规划课程之初，这些学习效果便应已明确。

第二，界定评估标准。这些标准应基于学习成果，具备明确性、可视性和可衡量性，以便准确反映学生的表现。

第三，确定绩效水平。这涉及为学生绩效水平设定清晰的等级划分，并提供从"优秀"到"不合格"的完整成绩范围，以便教师能够根据学生的表现给予恰当的评分。

第四，创建具体的评分标准。这一标准应详细列出各项评估标准和对应的成绩等级，确保易于阅读和理解。此外，评分标准应在作业截止日期前及时提供给学生，以便他们了解并据此调整自己的作业。

第五，对初步设定的评估标准进行评估和调整。这可以通过对学生作业样本进行试评来实现，根据试评结果对标准进行修改和完善，以确保其有效性和准确性。

综上所述，创建评估标准是确保教师对学生作业进行公正、客观评价的关键环节。通过遵循上述步骤，教师可以构建出有效的评估标准，进而促进学生的学习成绩提升。

在基于OBE的教育过程中，评估标准发挥着举足轻重的作用。它不仅为教师提供了一种清晰、透明的方法来评估学生的学习效果，而且为学生提供了明确的学习目标和提升方向。通过评估标准，教师可以更准确地了解学生的学习进展，并提供有针对性的反馈；学生可以清晰地知道课程的预期目标，以及如何更好地达到这些目标。

此外，评估标准还有助于确保评估要求与课程学习效果的紧密对接，使教师能够为学生提供更加精准、有意义的反馈，进而促进学生的全面发展。同时，评估标准也为评估过程的公平性和一致性提供了有力保障，确保了每个学生都能得到公正的教育和评价。

因此，评估标准是教师在实施OBE理念教育、确保学生达到预期学习效果方面的重要工具。只有充分利用和不断优化评估标准，教师才能更好地支持学生的学习和成长。

以下是针对不同评估类型所列举的评估标准实例：

（1）论文写作评估标准：
- 论点陈述：论文应明确阐述主题，并精准表达主要论点；
- 组织结构：论文结构需合理，逻辑清晰，易于读者理解；

- 证据支持：论据应紧密贴合主题，论证充分有力；
- 深入分析：论文应展现出对主题的深刻理解和独到见解；
- 结论总结：论文结尾应总结要点，并给出明确的结论；
- 规范表达：论文中不应出现语法、拼写或标点错误。

（2）口头报告评估标准：

- 语言结构：报告应条理清晰，逻辑结构严密；
- 内容完整性：报告需涵盖所有要点，展现对主题的深入了解；
- 表达技巧：报告者表达应自信、流畅，易于听众理解；
- 视觉辅助：如PPT等视觉工具应有效且与主题紧密相关；
- 时间控制：报告时间应在规定范围内，不得超时；
- 观众互动：报告者应能够维持听众兴趣，并有效发起互动。

（3）小组项目评估标准：

- 筹备工作：明确各小组成员的角色和职责，确保分工明确；
- 协作能力：团队成员间应具备良好的沟通和合作能力；
- 内容深度：项目应展现对主题的深刻理解，涵盖所有要点；
- 创新思维：项目应提出独特的、富有创造性的想法和解决方案；
- 完成质量：项目完成度要高，体现对细节的关注和用心；
- 陈述表达：项目陈述应清晰、有条理，易于理解。

（4）实验报告评估标准：

- 引言概述：实验报告应明确说明实验目的和背景信息；
- 假设提出：报告中应明确提出实验假设和检验方法；
- 方法描述：报告应详细描述实验设计、程序和方法；
- 结果呈现：报告应清晰准确地呈现实验数据和观察结果；
- 分析讨论：对实验结果进行深入分析，并与假设进行对比；
- 结论总结：报告结尾应总结主要发现，并指出实验的影响；
- 规范表达：报告中不应出现语法、拼写或标点错误。

以上仅为部分评估类型的举例，我们为任何评估类型创建评估标准都是可行的，这有助于确保评分的一致性和公平性。通过制定明确的评估标准，教师可以更准确地评价学生的表现，而学生也能更加清晰地了解自己的学习成果和改进方向。

四、形成性评估

形成性评估（Formative Evaluation）是在教育活动中对学生在日常学习过程中的表现、所取得的成绩以及所反映出的情感、态度、策略等方面进行的监控与评价。这种评估方式是基于对学生学习全过程的持续观察、记录、反思而作出的发展性评价。当教师进行形成性评估时，务必确保评估内容与课程成果紧密对应，以便精准评估学生的学习状况。

为实现评估内容与课程成果的精准匹配，教师可遵循以下三个关键步骤：

首先，深入研读课程大纲，精准界定与评估关联度高的课程成果，明确形成性评估的焦点，即应评估哪些课程成果。

其次，通过精心设计问题或制定针对性任务，有效评估已确定的课程成果。这些问题或任务应紧扣与学习效果密切相关的课程内容，旨在检验学生的理解和应用能力。同时，确保问题的表述清晰、简洁、逻辑严密，便于学生准确理解评估要求。

最后，通过明确指出每个问题或任务所评估的具体课程成果，实现评估内容与课程成果的精准对应。这不仅能确保形成性评估与课程成果的一致性，还能使其成为评估学生学习效果的有力工具。

综上所述，通过精心设计形成性评估，确保评估内容与课程成果精准对应，教师能够更有效地评估学生的学习情况，并提供有针对性的反馈。遵循上述步骤，教师能够最大化形成性评估与课程成果的匹配度，从而成为推动教学成功的重要助力。

为了设计与教学方法和认知类别/知识类型高度契合的有效评估，教师应遵循以下六个步骤：

第一，明确教学方法和评估中涉及的认知类别/知识类型，这是构建有效评估的基础。

第二，确定评估旨在衡量的学习效果，这有助于我们聚焦评估的核心目标。

第三，根据已确定的教学方法和认知类别/知识类型，精心拟定潜在的问题。这些问题的设计应能够精准地反映学生所掌握的知识和技能。

第四，对拟定的潜在问题进行仔细评估，确保它们与预期的学习效果相契合，并适合所确定的教学方法和认知类别/知识类型。

第五，根据评估结果，对问题进行必要的修改和完善，使其更加精准和有效。

第六，将所设问题与相关课程成果一一对应，以确保评估的可靠性和有效性。

通过这一系列步骤，教师可以确保评估与教学方法、认知类别/知识类型保持高度一致，从而有效地衡量学生的预期学习效果。

在明确了适当的教学方法和认知类别/知识类型后，教师应着手拟定与所选教学方法和预期效果相契合的潜在问题。这些问题的设计应能够全面、深入地评估学生所掌握的具体知识或技能。

在拟定问题的过程中，教师可以考虑运用布卢姆分类法。这一分类法为设计符合不同认知和知识水平的问题提供了清晰的框架。它涵盖了从记忆和理解等低阶思维能力到应用、分析、评估和创造等高阶思维能力的六个层次。通过运用布卢姆分类法，教师可以根据学习目标的分类和认知复杂程度的不同，设置相应的问题，从而确保所设问题能够精准地评估课程成果，并针对不同层次的认知复杂程度进行有效衡量。

此外，教师还可以根据问题的类型和难度进行调控。例如，多项选择题可能更适合检验学生对基础知识的掌握情况，而简答题或论述题则更能考查学生的分析能力和深度思考。通过精心设计问题，教师可以为学生提供有意义和有效的形成性评估，进而促进学生的学习和课程成果的实现。

总之，通过拟定与教学方法和认知类别/知识类型相契合的潜在问题，教师可以确保评估与课程成果紧密相连，并有效衡量学生的进步。这不仅有助于教师更准确地了解学生的学习状况，还能为学生提供有针对性的反馈和指导，促进他们的全面发展。

（一）认识类型—教学框架

认识类型—教学框架，是一个综合性的工具，专为设计与课程预期学习成果相匹配的有效形成性评估而构建。该框架以四个核心维度为基石：认知类别、知识类型、教学法以及问题类型。通过深度整合这些维度，教师能够精准确保评估与课程的特定学习目标相契合，并灵活运用对不同学习成果有效的教学策略。

表7-3所展示的问题调整框架，为教师提供了有力的指导，助力他们根据教学法、认知类别与知识类型来巧妙设计问题。这一框架的应用，使教师能够设计和实施更加有效的形成性评估。通过全面考量所采用的教学法、评估所涉及的认知类别与知识类型，以及与之匹配的问题类型，教师能够确保评估与课程的预期成果高度一致，进而更好地支持学生的学习进程。

表7-3详细列出了与教学法、认知类别和知识类型不同组合相匹配的问题类型示例。例如，若教师采用问题导向型学习法来评估学生对概念性知识的理解程度，那么开放式问题便是一个理想的选择，它鼓励学生将所学知识应用于现实情境中。而当教师使用记忆练习来检验学生对事实性知识的掌握时，选择题或填空题则可能更为合适。

总的来说，认识类型—教学框架不仅是教师设计评估的重要工具，更是确保教学策略与学生学习成果相辅相成的关键所在。通过灵活运用这一框架，教师可以为学生创造更加富有成效的学习体验。

表7-3 认知类别—知识类型—教学法—评估矩阵和问题类型

教学法	认知类别	知识类型	问题类型
讲座	记忆	事实型	回忆型、多项选择型、填空型、搭配型
讲座	了解	事实型	概念解释、列举、案例研究、类比
问题导向型学习	应用	事实型	问题求解、模拟、案例研究、课题项目、作品集
案例研究	分析	事实型	情境分析、证据评析、观点比较
辩论	评价	事实型	观点评析、立场辩护、数据分析
挑战设计	创新	事实型	观点创新、原型设计、测试、评估
讲座	记忆	概念型	定义型、判别型、搭配型、简答题、判断题
讲座	了解	概念型	列举、详细作答、解释、综述、比较
问题导向型学习	应用	概念型	应用题、案例研究、举例
案例研究	分析	概念型	关系分析、模型、主题、结构

续表

教学法	认知类别	知识类型	问题类型
辩论	评价	概念型	批判、评价、立场辩护、分析性替代
挑战设计	创新	概念型	设计、创新、原型设计、评估
讲座	记忆	程序型	步骤、程序、规则、定义、关键术语
讲座	了解	程序型	列举、案例研究、概念映射、思维导图、类比
问题导向型学习	应用	程序型	应用题、模拟、案例研究、课题项目
案例研究	分析	程序型	过程分析、步骤分析、程序分析、决策分析
辩论	评价	程序型	过程评估、程序评估、决策评估
挑战设计	创新	程序型	创新、原型设计、测试、提炼
反思	记忆	元认知型	回顾、自我反思、日志、自我评估
反思	了解	元认知型	分析、评估、自我反思、日志、自我评估
反思	应用	元认知型	综合题、自我评估、目标设置、计划
反思	分析	元认知型	自我反思、自我评估、思维路径分析
反思	评价	元认知型	自我评估、目标设置、计划
反思	创新	元认知型	计划、目标设置、行动计划制定、自我评估

注：本图标仅为认识类型—教学框架的概览，并未穷尽所有细节。所列问题类型仅为示例性质，用以展示如何根据认知类别、知识类型和教学法来设计问题，但并非全面无遗。实际应用中，教师可根据具体的教学情境和学习目标，灵活调整和补充问题类型，以更好地满足评估需求。因此，教师在使用本框架时，应结合实际情况进行适当扩展和完善，以确保评估的准确性和有效性。

（二）问题与课程成果的映射

在当代高等教育实践中，深入理解并明确问题与课程成果之间的映射关系，对于高校教师而言具有至关重要的意义。这一映射关系不仅为课程的预期成果提供了具体的量化指标，使学生能够清晰地认识到应从课程中掌握的核心知识和技能，而且确保了评估工作能够紧密围绕课程目标进行，从而提升了教学评估的有效性和针对性。

通过精确地将问题映射到课程成果上，教师可以更加准确地推动预期学习成果的达成。这种方法还有助于构建富有深度的评估体系，侧重于评估学生的高阶思维能力，引领学生走向更深层次的学习，而非仅仅满足于对事实性知识的简单记忆。为了实现这一目标，教师需要遵循一系列核心准则。教师应将各项课程预期成果细化为具体的组成部分，并逐一与相应的问题进行匹配。这一过程中，课程成果的认知水平与问题的认知水平并不必一一对应。相反，问题应涵盖从低阶到高阶的多种思维技能，以全面反映课程目标的不同维度。布卢姆分类法或其他认知技能分类框架可以作为这一过程的辅助工具。

以下是实现问题与课程成果映射的具体七个步骤：

（1）明确课程成果：在匹配问题与课程成果之前，必须首先清晰界定课程的预期成果。这些成果应以具体、可衡量的陈述形式呈现，明确描述学生在完成课程后应掌握的知识和技能。

（2）设定认知水平：针对每一项课程成果，设定适当的认知水平，以便为选择合适的评估问题类型提供依据。

（3）选择评估方法：根据课程成果的认知水平要求，选择恰当的评估方法。例如，若课程成果要求学生展现知识应用能力，则可采用案例研究、项目作业等评估方式。

（4）设计问题：在确定评估方法后，设计与课程成果相匹配的问题。问题的类型应多样化，包括选择题、简答题、论述题等，以全面评估学生的学习成果。

（5）匹配问题与成果：将设计好的问题与课程大纲中的相应成果或主题认知进行匹配，确保评估的全面性和准确性。

（6）审查与修改：对初始问题进行仔细审查，并根据需要进行修改和完善，以确保问题能够准确评估预期的课程成果。

（7）分配分值：根据问题的认知水平要求以及课程成果的重要性，合理分配各问题的分值，以体现评估的科学性和公平性。问题的设计等级可划分为记忆型、理解型、应用型、分析型、评价型和创新型等六个级别。

通过遵循以上步骤，教师可以有效地实现问题与课程成果的映射，从而构建一个更加有效、更有意义的评估策略。这一映射不仅有助于教师准确评估学生的学习成果，还能通过分析学生在不同课程成果上的表现，来反思和调整教学及评估策略，进而更好地支持学生的学习和发展。

综上所述，问题与课程成果的映射为教师提供了一个有力的工具，有助于确保评估与课程成果的一致性，并推动学生的学习向更深层次、更有意义的方向发展。这一策略的实施，将有助于提高教学质量，促进学生的全面发展。

第八章

OBE 评估与测算

前面我们详细探讨了如何利用高校人才培养达成体系框架、模块化课程成果框架以及三维评价体系来设定有效的专业培养目标、专业培养成果、课程成果及作业。在本章中，我们将深入研讨如何量化相关评估，并衡量教学是否成功，以实现预期目标——实施和量化 OBE。

为实现这一目标，我们将运用一个简洁的框架来构建可量化的评估体系，并明确阐述教学成功的各项指标。正如三维评价体系所揭示的，评估的设计涵盖了三个核心维度：类型维度，即根据认知类别和知识类型确定合适的评估类型；情境维度，即明确评估的适用范围和特定情境；层次维度，即构建评估的层级体系，以满足不同水平的需求。

在 OBE 理念下，评估是确保其达成预期目标的关键环节。以下是基于 OBE 的五个评估步骤：

（1）协调一致性：评估的首要任务是确保课程、教学与评估均与课程成果保持高度一致。这一目标的实现已在前面的章节中有所介绍，例如，通过仔细审查课程材料，确保其与课程成果紧密契合。

（2）评估检验：作为 OBE 的重要组成部分，评估的质量直接关系到教育的成功。因此，我们需要严格检验评估工具、评分标准与课程成果的一致性，以及评估在反映学生学习情况方面的准确性。这一工作在前述章节中已得到妥善处理。

（3）反馈机制：考察所给予学生反馈的质量和效果是评估 OBE 的另一重要途径。课程反馈应紧密围绕课程目标，旨在帮助学生改进学习、提升能力，从而促进他们的全面发展。

（4）学业成就跟踪：衡量学生学业成就是评估基于 OBE 成效的关键环节，这可以通过持续跟踪学生在评估过程中的表现、监测重修率以及估算毕业率等方式实现。

（5）涉众反馈收集：对于 OBE 的评估而言，收集来自学生、教师、用人单位等利益相关者的反馈同样至关重要。这些反馈有助于我们不断优化教学工作，确保 OBE 能够最大限度地满足各方需求。

综上所述，基于 OBE 的评估对于确保其实现预期目标、提升学生学习效果具有重要意义。通过全面考虑协调一致性、评估检验、反馈机制、学业成就跟踪以及涉众反馈等多个方面，各院校可以有效地评估其 OBE 的实施效果，并根据需要进行针对性的改进和优化。

为实现基于 OBE 评估的量化，我们首先需要明确课程成果的量化方法，这将为我们后续的评估工作提供坚实的基础。

一、评估测算指标

在深入探讨成绩测算方式之前，我们有必要先明确其中涉及的关键术语，以便更好地理解整个评估过程：

（1）相关度：这一术语用于描述课程成果与专业培养成果之间的匹配程度及一致性。相关度被划分为四个等级：0 级表示课程成果与专业培养成果之间无相关性，即课程成果对专业培养成果无贡献；1 级代表低相关性，意味着课程成果与专业培养成果有一定的相关性或贡献值，但贡献度仅在 20% 至 50% 之间；2 级则代表中等相关性，课程成果对专业培养成果的贡献值为 51% 至 65%；而 3 级为高相关性，表明课程成果对专业培养成果的实现起到了重要作用，且完成度可达到 66% 至 100%。

（2）学业水平：这是一个用于衡量教学成功程度的指标。学业水平的测量通常依据四个阈值进行划分：0 级表示不合格，即未达到基本学习要求；1 级为合格，表示学生达到了课程的基本要求；2 级为良好，表明学生在学业上表现优秀；

3级则是优秀，代表学生在学业上取得了卓越的成绩。

（3）成绩等级：这是用来评估班级在特定情境（如课程成果、专业培养成果、专业培养目标）中的表现水平的工具。成绩等级同样分为四个等级：不合格、合格、良好和优秀。通过这一指标，我们可以了解班级在各项成果和目标上的整体表现。

（4）成绩目标：这是教师根据班级智力水平、学科以往表现等多种因素设定的预期目标。成绩目标的设定以相应学年的学业成绩等级为基础，同样采用四个阈值进行衡量：0级表示不合格，即未达到预期目标；1级为合格，表示班级达到了基本的预期目标；2级为良好，表明班级在学业上表现超出预期目标；3级则是优秀，代表班级在学业上取得了卓越的成绩，远超预期目标。

二、评估测算步骤

评估测算是OBE不可或缺的一环，它对于高校和教育工作者而言至关重要，能够帮助他们精确衡量学生在实现预期学习成果方面的进展程度。在成绩测算的过程中，我们涉及一系列关键术语，其中"相关度"和"学业水平"作为核心概念，对于评估的准确性和有效性起着决定性作用。

为了确保课程成果水平评估测算的准确性和客观性，我们需要遵循以下三个关键步骤：

首先，利用三维评价体系，将每一项课程成果与具体的评估标准或问题紧密对应起来，确保评估的有针对性和有效性。随后，根据班级的整体成绩表现，划分出不同的成绩等级，这些等级通常包括不合格、合格、良好和优秀四个层次，以全面反映学生在各个层次上的学业表现。

其次，在确定了成绩等级之后，我们需要依据认知类别、知识类型以及教学法矩阵框架来规划和实施具体的评估工作。这一过程中，我们必须严格遵守院、系的考试政策，确保评估的公平性和一致性。评估结束后，教师将结合参考答案对学生的表现进行评判，形成最终的评估结果。

最后，完成评估后，我们需要将学生的成绩录入到对应的考核题目或拟定的标准级别中。更为关键的是，我们需要根据学生的平均成绩来计算预期成果的完成度。这一计算过程包括先计算各课程成果的平均成绩水平，然后进一步计算所有课程成果的平均成绩水平，从而得出某科目总体的课程成果水平。通过这样的计算和分析，我们能够更加清晰地了解学生在实现预期学习成果方面的整体表现，为后续的教学改进提供有力的数据支持。

本部分将通过实例列举的方式，更加清晰地展现测算步骤的细节。

（1）根据教学大纲、学生过去的表现和其他因素，定义优秀学生和普通学生。

（2）根据布卢姆教育目标分类法定义课程成果，并参照课程代码对应命名课程成果代码（见表8-1）。

表8-1 布卢姆教育目标分类法定义课程成果

课程成果代码	课程成果说明	认知水平
课程代码1		
课程代码2		
课程代码3		
课程代码4		
课程代码5		

（3）关联课程成果与专业培养成果，相关度评定等级由低到高依次为：无相关性、低相关性、中等相关性、高相关性（见表8-2）。

表8-2 课程成果和专业培养成果的相关性

课程成果代码	专业培养成果1	专业培养成果2	专业培养成果3	专业培养成果4
课程代码1				
课程代码2				
课程代码3				
课程代码4				
课程代码5				
课程代码平均值				

（4）根据教学大纲制订课程计划（见表8-3）。

表8-3 课程计划

序列号	计划日期	计划主题	教学方法	课程时长	认知水平	课程成果

（5）根据教学大纲规划整个学期的课程评估计划（见表8-4）。

表8-4 评估计划

序列号	评估	评估类型（作业/随堂测试/大学类型）	对应课程成果	最高分	评估方法（直接/间接）

（6）根据设定目标定义成绩等级（见表8-5）。

表8-5 成绩等级

目标值	成绩水平
Y%的学生达到班级平均水平的X%	1
Y%的学生达到班级平均水平的X%	2
Y%的学生达到班级平均水平的X%	3

注：X和Y的具体值将由评估实施者设定。

（7）设定当前批次或学年的目标（见表8-6）。

表8-6 课程成果的目标设定

课程成果代码	目标值	备注
课程代码1	3	
课程代码2	1	
课程代码3	2	

续表

课程成果代码	目标值	备注
课程代码 4	1	
课程代码 5	2	
课程代码平均值	1.8	

注：表中的目标值仅用作示例参考，具体值由评估实施者参照表 8-5 设定，课程成果对应目标值的评估参见表 8-5。

（8）匹配课程成果和评估。

①直接评估 —— 问题和课程成果的对应（见表 8-7）。

表 8-7　问题与所适用课程成果的匹配

问题序号	问题	分数	对应课程成果
1	问题说明		课程成果 1，课程成果 2，……
2	问题说明		课程成果 1，课程成果 2，……
3	问题说明		课程成果 1，课程成果 2，……

②间接评估 —— 课程成果/专业培养成果与评估标准的对应（见表 8-8）。

表 8-8　课程成果与评估标准的匹配

序列号	评估标准	对应课程成果	等级量表

（9）在各层次问题中录入成绩（见表 8-9）。

表 8-9　对应各层次问题的成绩录入

序列号	学生姓名	问题 1	问题 2	问题 3

（10）计算各层次问题的班级平均值（见表8-10）。

表8-10 各层次问题的班级平均值测算

序列号	学生姓名	问题1	问题2	问题3
	班级平均值	班级平均值（问题1）	班级平均值（问题2）	班级平均值（问题3）

（11）计算所对应课程成果的班级平均值：班级的课程成果平均值=［班级平均值（问题1）+班级平均值（问题2）+班级平均值（问题3）+……+班级平均值（问题N）］/N。

（12）比较计算结果与成绩等级。

（13）比较计算结果与设定目标，并说明理由。

三、成绩测算过程——以"计算机操作系统"课程为例

本节以"计算机操作系统"这一具有代表性的理工科课程为例，旨在深入剖析成绩测算的方法和流程，并阐明专业培养成果的达标程度。以下是成绩测算的详细步骤：

步骤一：明确专业培养成果与具体成果

鉴于"计算机操作系统"课程属于工程类学科的核心组成部分，我们首先需要参照国家认证认可监督管理委员会的相关建议，在课程文件中详尽列出课程所应达成的具体成果。这些成果不仅反映了课程本身的教学目标，也是衡量学生是否达到预期学习效果的重要标准。通过明确这些成果，我们能够更有针对性地制定评估策略，确保评估工作的有效性和准确性（见表8-11）。

表8-11 专业培养成果与课时规划

专业培养成果代码	专业培养成果名称	专业培养成果说明	教学时长
1	工程知识	应用数学、科学、工程基础和工程专业的知识解决复杂的工程问题。	40

续表

专业培养成果代码	专业培养成果名称	专业培养成果说明	教学时长
2	问题分析	利用数学、自然科学和工程科学的基本原理，识别、提出和审查研究文献，并分析复杂的工程问题，得出有依据的结论。	28
3	解决方案的设计/开发	为复杂的工程问题设计解决方案，设计满足特定需求的系统组件或流程，同时适当考虑公众健康和安全以及文化、社会和环境因素。	35
4	复杂问题研究	使用基于研究的知识和研究方法，包括实验设计，数据分析和解释，以及信息综合，以提供有效的结论。	33
5	现代工具使用	创建、选择和应用适当的技术、资源以及现代工程和信息技术工具，包括对复杂工程活动的预测和建模，并了解其局限性。	19
6	工程师与社会	运用背景知识进行推理，评估社会、健康、安全、法律和文化问题，以及由此产生的与专业工程实践相关的责任。	0
7	环境与可持续发展	了解专业工程解决方案在社会和环境方面的影响，并展示可持续发展的知识和需求。	0
8	伦理学	掌握道德伦理原则，恪守职业道德、责任和工程实践规范。	0
9	个人与团队合作	作为个人、不同团队和多学科环境中的成员或领导者，有效发挥作用。	14
10	交际	就复杂的工程活动与工程界和整个社会进行有效的沟通，如能够理解和撰写有效的报告和设计文件，进行有效的演示，发出和接收明确的指示等。	14
11	项目管理和财务	作为团队成员和领导者，展现对工程和管理原则的认识和理解，并将这些原则应用到自己的工作中，在多学科环境中管理项目。	0
12	终身学习	认识到在最广泛的技术变革背景下进行独立学习和终身学习的必要性，并做好准备和具备这种能力。	26

注：表中所示数值仅为示例，旨在说明成绩测算过程中可能涉及的数值范围。在实际应用中，具体的数值将由教师根据课程特点、学生情况以及教学目标等因素进行设定。教师在使用此表进行成绩测算时，应根据实际情况灵活调整数值，以确保评估结果的准确性和公正性。同时，教师也应不断总结经验，优化评估方法，以更好地促进学生的学习和发展。

步骤二：定义课程成果

课程代码：CZXT

课程名称：计算机操作系统

开课学期：3

课程成果与计划学时见表8-12。

表 8-12 课程成果与计划学时

课程成果代码	课程成果说明	认知水平	知识类型	学时
CZXT.1	了解计算机操作系统的基本要素。	了解	事实型	7
CZXT.2	了解调度、死锁、内存管理、同步、系统调用和文件系统的策略。	了解	概念型	7
CZXT.3	推断计算机系统各组成部分之间的相互作用。	分析	概念型	7
CZXT.4	构建操作系统组建，包括系统调用、调度程序、内存管理系统、虚拟内存和分页系统。	创新	程序型	7
CZXT.5	通过 C/C++ 程序和 JAVA 为操作系统设计解决方案。	创新	元认知型	7
CZXT.6	通过仪器测量操作系统组件，进行性能分析。	分析	程序型	5

注：表中所示数值仅为示例，旨在说明成绩测算过程中可能涉及的数值范围。在实际应用中，具体的数值将由教师根据课程特点、学生情况以及教学目标等因素进行设定。

步骤三：课程规划

教师编写课程计划可参考以下范例。其中包括课程计划的理想内容，以确保有效的教学和学习（见表 8-13）。

表 8-13 课程规划示例

序列号	计划日期	计划主题	时长	模块	认知水平	课程成果	参考资料/注释	活动计划/教学模式	实际完成情况	实际时长	是否超纲？
1				1	了解	课程成果 1					
2				3	记忆	课程成果 3					
3				2	分析	课程成果 2					
4				5	评估	课程成果 5					
5				4	创新	课程成果 4					
6				6	……	课程成果 6					

注：可用于讲授课程内容的不同教学模式包括课堂教学、翻转课堂、互动教学、PPT 演示、视频讲座、行业访问、客座讲座等。教师可根据自己的教学风格和课程要求决定教学模式。教师应选择最适合课程成果并能有效吸引学生的教学模式。

步骤四：绘制课程成果—专业培养成果相关性矩阵（见表 8-14）

表 8-14 课程成果—专业培养成果相关性矩阵

课程成果代码	专业培养成果1：工程知识	专业培养成果2：问题分析	专业培养成果3：解决方案的设计/开发	专业培养成果4：复杂问题研究	专业培养成果5：现代工具使用	专业培养成果6：工程师与社会	专业培养成果7：环境与可持续发展	专业培养成果8：伦理学	专业培养成果9：个人与团队合作	专业培养成果10：交际	专业培养成果11：项目管理和财务	专业培养成果12：终身学习
CZXT.1	3		1									1
CZXT.2	3	1	1	1								
CZXT.3	2	1	2	2								
CZXT.4	2	2	2	1					2	1		1
CZXT.5	2	3	3	1					2	1		2
CZXT.6	3			2								2
CZXT	2.50	1.75	1.80	1.40					2.00	1.00		1.50

注：表中的目标值仅用作示例参考，具体值由评估实施者参照表 8-5 设定，课程成果对应目标值的评估参见表 8-5。

专业培养成果贡献值见表 8-15。

表 8-15 专业培养成果贡献值

专业培养成果	贡献值	百分比	时长
专业培养成果 1：工程知识	2.50	83%	40
专业培养成果 2：问题分析	1.75	58%	28
专业培养成果 3：解决方案的设计/开发	1.80	60%	35
专业培养成果 4：复杂问题研究	1.40	47%	33
专业培养成果 5：现代工具使用	1.60	53%	33
专业培养成果 9：个人与团队合作	2.00	67%	14
专业培养成果 10：交际	1.00	33%	14
专业培养成果 12：终身学习	1.50	50%	26

注：贡献值数据参考表 8-14，百分比按照贡献值最高为 3 基数计算。

步骤五：评估计划（见表 8-16）

表 8-16 评估计划

评估	类型	课堂评估（直接）			调查（间接）
		方法	分数	课程成果	
随堂测试 1	平时成绩	直接	10	CZXT.1	结课调查
随堂测试 2		直接	10	CZXT.2,CZXT.3	
作业		直接	5	CZXT.4, CZXT.5	
实践 / 研讨会		评分标准	5	CZXT.6	
期末考试	期末成绩	直接	70	所有课程成果	
	合计		100		

最终成绩权重见表 8-17。

表 8-17 最终成绩权重

最终成绩将按以下权重计算	
课堂评估（直接）	80%
结课调查（间接）	20%

注：课堂评估由平时成绩和期末成绩组成，平时成绩：期末成绩权重为 3：7。

步骤六：目标设定

设定目标时需要考虑的因素有：其一，识别优等生和后进生；其二，上一批学生的成绩或表现；其三，先修科目的成绩。

最终成绩将按照课堂评估（直接）80% 和结课调查（间接）20% 的权重计算（表 8-17）。目标的设定可大致分为三种情境，分别是：平时成绩（表 8-18）；期末成绩（表 8-19、8-20）；结课调查（表 8-21）。

表 8-18 平时成绩的目标设定

学生互评	教师评价	接近班级平均分	成绩水平
50%	60%	60%	1
60%	70%	60%	2
71%	100%	60%	3

注：百分比及其与成绩水平的对应关系参见表 8-5。在表 8-18 中，学生互评成绩样本中的 50% 与教师评价成绩样本中的 60% 达到班级平均分的 60% 时，成绩水平计为 1。下文数据以此类推。

表 8-19 期末成绩的目标设定

学生互评	教师评价	接近班级平均分	成绩水平
50%	60%	65%	1
60%	70%	65%	2
71%	100%	65%	3

注：百分比及其与成绩水平的对应关系参见表 8-5。

表 8-20 评估标准的适用性目标设定

往届班级平均水平	本教学班级水平预期	成绩水平
50%	60%	1
60%	70%	2
71%	100%	3

注：百分比及其与成绩水平的对应关系参见表 8-5。

表 8-21 结课调查的目标设定

往届班级平均水平	本教学班级水平预期	成绩水平
50%	60%	1
60%	70%	2
71%	100%	3

注：百分比及其与成绩水平的对应关系参见表 8-5。

步骤七：确定选课学生名单

按照学生的学号和姓名编入表格，方便后续分析使用。

步骤八：学生成绩分析（见表 8-22 和表 8-23）

表 8-22 学生成绩分析

先修课程	比例
第一年先修课程成绩	40%
C/C++ 平均成绩	60%

表 8-23 学生成绩分析详细信息

序列号	学生姓名	第一年成绩	C/C++ 平均成绩	表现	优等生 / 后进生
1	***	55%	75%	67.00%	优等生
2	***	62%	66%	64.40%	后进生
3	***	55%	66%	61.60%	后进生
4	***	67%	67%	67.00%	优等生
5	***	66%	51%	57.00%	后进生
6	***	71%	52%	59.60%	后进生
7	***	72%	53%	60.60%	后进生
8	***	65%	54%	58.40%	后进生
9	***	64%	55%	58.60%	后进生
10	***	56%	54%	54.80%	后进生
11	***	54%	51%	52.20%	后进生
12	***	51%	57%	54.60%	后进生
13	***	56%	58%	57.20%	后进生
14	***	57%	59%	58.20%	后进生
15	***	55%	55%	55.00%	后进生
16	***	61%	56%	58.00%	后进生
17	***	72%	51%	59.40%	后进生
18	***	62%	52%	56.00%	后进生
19	***	72%	66%	68.40%	优等生
20	***	77%	67%	71.00%	优等生
21	***	61%	62%	61.60%	后进生
22	***	62%	67%	65.00%	优等生
23	***	73%	68%	70.00%	优等生
24	***	62%	61%	61.40%	后进生
25	***	63%	55%	58.20%	后进生
26	***	72%	53%	60.60%	后进生
27	***	62%	52%	56.00%	后进生
28	***	72%	51%	59.40%	后进生
29	***	77%	67%	71.00%	优等生
30	***	63%	56%	58.80%	后进生
平均值		64%	59%	61.00%	

注：表现值大于等于 65% 的学生被视为优等生。

步骤九：创建适用性评估标准（见表 8-24）

表 8-24　评估标准创建

标准	优秀	良好	合格	不合格
	8—10 分	6—7 分	4—5 分	0—3 分
演讲/报告 课程成果：CZXT.6				
程序 专业培养成果：8—11				
想法 专业培养成果：5、9、11、12				
技术性 课程成果：CZXT.6				
文档编制 专业培养成果：10、11				
面试 课程成果：CZXT.6 专业培养成果：10、11				

注：①"优秀"表示学生"各方面均表现出色，且具有很高的专业水准"；"良好"表示学生"大部分表现优秀"；"合格"表示学生"表现高于平均水平，但存在某些缺陷或可提升部分"；"不合格"表示学生"表现良好，但存在明显缺陷"。②表格空白处填入相应"预期说明"。

步骤十：实现所创建的评估与课程成果的匹配和对应（见表 8-25，表 8-26，表 8-27，表 8-28）

表 8-25　随堂测试一

		分数	对应的课程成果
问题 1	问题说明	3	CZXT.1
问题 2	问题说明	2	CZXT.1
问题 3	问题说明	5	CZXT.1
合计	—	10	—

表 8-26　随堂测试二

		分数	对应的课程成果
问题 1	问题说明	5	CZXT.2
问题 2	问题说明	5	CZXT.3
合计	—	10	—

表 8-27 作业报告

		分数	对应的课程成果
问题 1	问题说明	3	CZXT.4
问题 2	问题说明	2	CZXT.5
合计	—	5	—

表 8-28 专业培养报告

		分数	对应的课程成果
问题 1	问题说明	5	CZXT.1
问题 2	问题说明	5	CZXT.2
问题 3	问题说明	10	CZXT.1,CZXT.3
问题 4	问题说明	10	CZXT.3, CZXT.4
问题 5	问题说明	10	CZXT.5
问题 6	问题说明	10	CZXT.5
问题 7	问题说明	10	CZXT.4
问题 8	问题说明	10	CZXT.6
合计	—	70	—

步骤十一：录入平时成绩（见表 8-29）

表 8-29 平时成绩录入

序号	学生姓名	随堂测试一（10）			随堂测试二（10）		作业（5）	
		问题1(3)：CZXT.1	问题2(2)：CZXT.1	问题3(5)：CZXT.1	问题1(5)：CZXT.2	问题2(5)：CZXT.3	问题1(3)：CZXT.4	问题2(2)：CZXT.5
1	***	2.00	0.00	3.00	2.00	5.00	3.00	1.00
2	***	1.00	2.00	4.00	3.00	5.00	3.00	1.00
3	***	1.00	2.00	2.00	3.00	1.00	3.00	1.00
4	***	1.00	2.00	2.00	3.00	1.00	3.00	1.00
5	***	2.00	2.00	2.00	5.00	5.00	3.00	2.00
6	***	2.00	2.00	2.00	5.00	1.00	2.00	2.00
7	***	3.00	2.00	3.00	5.00	5.00	2.00	2.00

续表

序号	学生姓名	随堂测试一(10)			随堂测试二(10)		作业(5)	
		问题1(3):CZXT.1	问题2(2):CZXT.1	问题3(5):CZXT.1	问题1(5):CZXT.2	问题2(5):CZXT.3	问题1(3):CZXT.4	问题2(2):CZXT.5
8	***	3.00	2.00	3.00	1.00	5.00	2.00	2.00
9	***	2.00	2.00	2.00	1.00	0.00	3.00	1.00
10	***	2.00	2.00	2.00	5.00	0.00	0.00	1.00
11	***	2.00	2.00	4.00	1.00	1.00	0.00	2.00
12	***	1.00	2.00	4.00	5.00	1.00	0.00	2.00
13	***	1.00	2.00	4.00	5.00	1.00	3.00	2.00
14	***	1.00	2.00	4.00	5.00	1.00	3.00	2.00
15	***	1.00	2.00	5.00	0.00	3.00	3.00	1.00
16	***	2.00	2.00	5.00	1.00	0.00	3.00	1.00
17	***	2.00	2.00	5.00	1.00	0.00	0.00	1.00
18	***	2.00	1.00	5.00	1.00	0.00	0.00	0.00
19	***	3.00	1.00	5.00	2.00	2.00	1.00	0.00
20	***	3.00	2.00	5.00	3.00	3.00	1.00	0.00
21	***	0.00	2.00	5.00	4.00	2.00	3.00	2.00
22	***	1.00	2.00	4.00	5.00	3.00	2.00	2.00
23	***	1.00	2.00	4.00	4.00	2.00	2.00	2.00
24	***	1.00	1.00	5.00	3.00	5.00	2.00	2.00
25	***	2.00	1.00	5.00	5.00	5.00	3.00	1.00
26	***	0.00	2.00	5.00	5.00	3.00	0.00	1.00
27	***	0.00	2.00	4.00	5.00	4.00	0.00	1.00
28	***	0.00	1.00	5.00	2.00	3.00	0.00	1.00
29	***	3.00	1.00	3.00	1.00	4.00	3.00	2.00
30	***	3.00	2.00	2.00	3.00	5.00	0.00	2.00
平均分		1.60	1.73	3.77	3.13	2.53	1.83	1.37
高于平均分的学生人数		16	23	19	13	15	20	14
学生总数		30	30	30	30	30	30	30
学生百分比		53%	76%	63%	43%	50%	67%	47%
成绩水平		1	3	2	0	1	2	0

注:标题栏各项目括号中的数字为该项评估的满分分值。

步骤十二：录入期末考试分数（见表8-30）

表8-30 期末考试分数录入

序号	学生姓名	科目（70）							
		问题1（5）：CZXT.1	问题2（5）：CZXT.2	问题3（10）：CZXT.1,CZXT.3	问题4（10）：CZXT.3,CZXT.4	问题5（10）：CZXT.5	问题6（10）：CZXT.5	问题7（10）：CZXT.4	问题8（10）：CZXT.6
1	***	3.00	5.00	7.00	7.00	7.00	6.00	5.00	7.00
2	***	4.00	5.00	7.00	0.00	7.00	7.00	6.00	7.00
3	***	1.00	4.00	7.00	0.00	7.00	6.00	6.00	8.00
4	***	4.00	4.00	8.00	6.00	8.00	6.00	5.00	8.00
5	***	4.00	5.00	8.00	6.00	8.00	7.00	6.00	5.00
6	***	4.00	4.00	5.00	5.00	5.00	7.00	5.00	5.00
7	***	4.00	4.00	5.00	6.00	5.00	8.00	7.00	5.00
8	***	5.00	3.00	5.00	7.00	5.00	5.00	6.00	5.00
9	***	5.00	5.00	5.00	8.00	5.00	5.00	7.00	4.00
10	***	5.00	1.00	4.00	9.00	4.00	5.00	5.00	4.00
11	***	4.00	1.00	4.00	8.00	4.00	6.00	6.00	6.00
12	***	4.00	2.00	6.00	7.00	6.00	6.00	5.00	6.00
13	***	3.00	4.00	6.00	10.00	6.00	6.00	6.00	5.00
14	***	3.00	4.00	5.00	10.00	5.00	7.00	7.00	0.00
15	***	0.00	4.00	5.00	6.00	0.00	7.00	8.00	0.00
16	***	1.00	5.00	5.00	7.00	0.00	6.00	7.00	0.00
17	***	1.00	4.00	6.00	7.00	0.00	6.00	8.00	6.00
18	***	2.00	5.00	7.00	8.00	6.00	0.00	9.00	6.00
19	***	3.00	3.00	4.00	5.00	6.00	0.00	8.00	5.00
20	***	4.00	4.00	3.00	6.00	5.00	0.00	9.00	6.00
21	***	4.00	4.00	6.50	4.00	7.00	9.00	9.00	7.00
22	***	5.00	4.00	6.00	3.00	8.00	7.00	6.00	6.00
23	***	5.00	5.00	8.00	4.00	5.00	6.00	8.00	7.00
24	***	4.00	5.00	9.00	6.00	6.00	6.00	8.00	8.00
25	***	3.00	4.00	4.00	8.00	7.00	7.00	7.00	5.00

续表

序号	学生姓名	科目（70）							
		问题1（5）：CZXT.1	问题2（5）：CZXT.2	问题3（10）：CZXT.1、CZXT.3	问题4（10）：CZXT.3、CZXT.3	问题5（10）：CZXT.5	问题6（10）：CZXT.5	问题7（10）：CZXT.4	问题8（10）：CZXT.6
26	***	5.00	3.00	5.00	9.00	8.00	7.00	7.00	4.00
27	***	1.00	3.00	6.00	6.00	9.00	8.00	7.00	5.00
28	***	3.00	5.00	7.00	7.00	6.00	7.00	7.00	7.00
29	***	4.00	4.00	8.00	8.00	7.00	8.00	8.00	8.00
30	***	5.00	3.00	8.00	8.00	7.00	8.00	8.00	8.00
	平均分	3.43	3.87	6.02	6.37	5.63	5.97	6.90	5.43
	高于平均分的学生人数	18	22	12	16	18	24	18	16
	学生总数	30	30	30	30	30	30	30	30
	学生百分比	60%	73%	40%	53%	60%	80%	60%	53%
	成绩水平	2	3	0	1	2	3	2	1

注：标题栏各项目括号中的数字为该项评估的满分分值。

步骤十三：录入研讨会分数（评分标准）（见表8-31）

表8-31 研讨会分数（评分标准）录入

序号	学生姓名	演讲/报告课程成果：CZXT.6	程序专业培养成果：8—11	想法专业培养成果：5、9、11、12	技术性课程成果：CZXT.6	文档编制专业培养成果：10、11	面试课程成果：CZXT.6 专业培养成果：10、11	合计
1	***	10.00	7.00	5.00	7.00	8.00	3.00	40.00
2	***	7.00	2.00	3.00	5.00	5.00	9.00	31.00
3	***	8.00	3.00	4.00	6.00	6.00	8.00	35.00
4	***	8.00	4.00	5.00	7.00	4.00	9.00	37.00
5	***	9.00	5.00	5.00	4.00	5.00	8.00	36.00
6	***	9.00	6.00	3.00	5.00	7.00	7.00	37.00

续表

序号	学生姓名	演讲/报告课程成果：CZXT.6	程序专业培养成果：8—11	想法专业培养成果：5、9、11、12	技术性课程成果：CZXT.6	文档编制专业培养成果：10、11	面试课程成果：CZXT.6 专业培养成果：10、11	合计
7	***	5.00	4.00	3.00	6.00	8.00	6.00	32.00
8	***	6.00	5.00	2.00	7.00	5.00	7.00	32.00
9	***	9.00	7.00	3.00	8.00	4.00	8.00	39.00
10	***	8.00	8.00	5.00	9.00	5.00	6.00	41.00
11	***	9.00	5.00	6.00	5.00	6.00	7.00	38.00
12	***	7.00	4.00	5.00	6.00	7.00	7.00	36.00
13	***	7.00	5.00	4.00	7.00	4.00	8.00	35.00
14	***	7.00	6.00	6.00	7.00	5.00	9.00	40.00
15	***	7.00	7.00	4.00	8.00	6.00	5.00	37.00
16	***	7.00	4.00	5.00	9.00	6.00	6.00	37.00
17	***	9.00	5.00	6.00	6.00	7.00	4.00	37.00
18	***	7.00	6.00	4.00	7.00	8.00	5.00	37.00
19	***	8.00	6.00	3.00	8.00	5.00	6.00	36.00
20	***	6.00	7.00	3.00	9.00	4.00	7.00	36.00
21	***	8.00	6.00	3.00	6.00	4.00	9.00	36.00
22	***	6.00	5.00	4.00	7.00	5.00	3.00	30.00
23	***	7.00	6.00	3.00	6.00	4.00	2.00	28.00
24	***	7.00	4.00	1.00	5.00	3.00	4.00	24.00
25	***	8.00	5.00	2.00	5.00	4.00	6.00	30.00
26	***	9.00	4.00	3.00	4.00	6.00	4.00	30.00
27	***	5.00	3.00	4.00	6.00	7.00	8.00	33.00
28	***	6.00	4.00	2.00	7.00	8.00	9.00	36.00
29	***	4.00	6.00	2.00	8.00	9.00	3.00	32.00
30	***	5.00	7.00	1.00	5.00	6.00	4.00	28.00
	平均值	7.27	5.20	3.63	6.50	5.70	6.23	34.53
	高于平均分的学生人数	13	13	15	15	15	15	
	学生总数	30	30	30	30	30	30	

续表

序号	学生姓名	演讲/报告课程成果：CZXT.6	程序专业培养成果：8—11	想法专业培养成果：5、9、11、12	技术性课程成果：CZXT.6	文档编制专业培养成果：10、11	面试课程成果：CZXT.6 专业培养成果：10、11	合计
	学生百分比	43%	43%	50%	50%	50%	50%	
	成绩水平	0	0	1	1	1	1	

步骤十四：建立课程结业反馈机制（见表 8-32）

表 8-32 课程结业反馈

问题 1	问题说明	CZXT.1
	强烈反对	
	反对	
	中立	
	同意	
	非常同意	
问题 2	问题说明	CZXT.2
	强烈反对	
	反对	
	中立	
	同意	
	非常同意	
问题 3	问题说明	CZXT.3
	强烈反对	
	反对	
	中立	
	同意	
	非常同意	
问题 4	问题说明	CZXT.4
	强烈反对	
	反对	

续表

	中立	
	同意	
	非常同意	
问题5	问题说明	CZXT.5
	强烈反对	
	反对	
	中立	
	同意	
	非常同意	
问题6	问题说明	CZXT.6
	强烈反对	
	反对	
	中立	
	同意	
	非常同意	

步骤十五：录入课程结业分数（见表8-33）

表8-33 课程结业分数录入

成绩计算	非常同意(SA)	同意(A)	中立(N)	反对(D)	强烈反对(SD)	加权平均值	成绩等级
问题1：问题说明——CZXT.1	15	10	3	1	1	85%	3
问题2：问题说明——CZXT.2	10	6	8	4	2	73%	1
问题3：问题说明——CZXT.3	19	8	4	4	4	72%	1
问题4：问题说明——CZXT.4	12	9	1	4	4	75%	2
问题5：问题说明——CZXT.5	11	10	2	3	4	75%	2
问题6：问题说明——CZXT.6	16	10	2	1	1	87%	3

注：加权平均值计算公式：
加权平均值 =[(SA*5)+(A*4)+(N*3)+(D*2)+(SD*1)]/(NOS*5)]，NOS表示参与课程结业反馈或测试的学生人数。

步骤十六：成绩测算

按照此前录入的分数计算平均值（见表8-34和表8-35）。

表 8-34 成绩测算

课程成果	平时成绩					期末考试（70%）	合计（平时成绩*0.3+期末考试*0.7）	课程结业调查
	随堂测试一	随堂测试二	作业	实践型研讨会	平时成绩平均值（30%）			
CZXT.1	53%				53%	50%	51%	85%
CZXT.2	76%	43%			60%	73%	69%	73%
CZXT.3	63%	50%			57%	47%	50%	72%
CZXT.4			67%		67%	57%	60%	75%
CZXT.5			47%		47%	70%	63%	75%
CZXT.6				48%	48%	53%	52%	87%

数据来源：表 8-29、8-30、8-31、8-33
根据课程成果计算成绩。

表 8-35 根据课程成果的成绩测算

课程成果	平时成绩					期末考试（70%）	合计（平时成绩*0.3+期末考试*0.7）	课程结业调查
	随堂测试一	随堂测试二	作业	实践型研讨会	平时成绩平均值（30%）			
CZXT.1	53%				53%	50%	51%	85%
CZXT.2	76%	43%			60%	73%	69%	73%
CZXT.3	63%	50%			57%	47%	50%	72%
CZXT.4			67%		67%	57%	60%	75%
CZXT.5			47%		47%	70%	63%	75%
CZXT.6				48%	48%	53%	52%	87%

数据来源：表 8-29、8-30、8-31、8-33

步骤十七：录入最终成绩（见表 8-36 和表 8-37）

表 8-36 根据课程成果的成绩测算结果

课程成果	合计（平时成绩*0.3+期末考试*0.7）	课程结业调查
CZXT.1	1.00	3
CZXT.2	2.55	1

续表

课程成果	合计 （平时成绩*0.3+期末考试*0.7）	课程结业调查
CZXT.3	0.80	1
CZXT.4	1.65	2
CZXT.5	1.75	2
CZXT.6	0.90	3

数据来源：表 8-35

表 8-37 根据专业培养成果的成绩测算结果

直接评估	合计 （直接评估）	对应直接评估的专业培养成果	直接评估最终结果	间接评估最终结果
专业培养成果 1	1.19		1.19	2
专业培养成果 2	1.2		1.2	1.5
专业培养成果 3	1.17		1.17	1.8
专业培养成果 4	1.22		1.22	1.8
专业培养成果 5	1.22	0	0.61	1.8
专业培养成果 8		1	1	
专业培养成果 9	1.175	0.5	0.8375	2
专业培养成果 10	1.175	1	1.0875	2
专业培养成果 11	1.175	0.75	0.9625	2.5
专业培养成果 12		0	0	

数据来源：综合前表测算

步骤十八：录入专业培养成果最终成绩（见表 8-38）

表 8-38 专业培养成果最终成绩录入

类别	专业培养成果 1	专业培养成果 2	专业培养成果 3	专业培养成果 4	专业培养成果 5	专业培养成果 6	专业培养成果 7	专业培养成果 8	专业培养成果 9	专业培养成果 10	专业培养成果 11	专业培养成果 12
目标值	1.00	2.00	2.00	2.00	1.00			1.00	1.00	1.00	1.00	1.00
直接评估	1.09	1.20	1.17	1.10	0.55			1.00	0.84	1.09	0.89	0.00
间接评估	2.00	1.50	1.80	1.80	1.80				2.00	2.00	2.50	

续表

类别	专业培养成果1	专业培养成果2	专业培养成果3	专业培养成果4	专业培养成果5	专业培养成果6	专业培养成果7	专业培养成果8	专业培养成果9	专业培养成果10	专业培养成果11	专业培养成果12
最终成绩	1.27	1.26	1.30	1.24	0.80			0.80	1.07	1.27	1.21	0.00
完成度	127%	63%	65%	62%	80%			80%	107%	127%	121%	0%

数据来源：综合前表测算

步骤十九：在计划层面制定专业培养成果的总体目标

每位教师都将针对自己所授课程进行准确记录等工作，确定最终的达标情况，这既涉及直接达标的考量，也包含间接达标的综合评估。举例来说，课程评估委员会为特定批次的学生，如2018至2022届学生，设定了明确的目标，旨在确保他们在毕业时能够展现出一定水平的素质和能力。同时，课程评估委员会还细致界定了学生在完成每门课程时应展现的预期表现水平，以此作为评估他们学习成效的重要依据。除此之外，为了更全面地评价学生的综合素质和能力，课程评估委员会还会按照科学的比例（如1：2：3的比例）为不同的素质和能力分配权重，确保评估结果的准确性和公正性。这样的评估机制不仅有助于教师了解学生的学习状况，更能为教学改进提供有力的数据支持（见表8-39）。

表8-39 计划层面的专业培养成果总体目标制定

专业培养成果代码	专业培养成果标题	专业培养成果说明	2018—2022届学生目标设定值
专业培养成果1	工程知识	应用数学、科学、工程基础和工程专业的知识解决复杂的工程问题。	2.8
专业培养成果2	问题分析	利用数学、自然科学和工程科学的基本原理，识别、提出和审查研究文献，并分析复杂的工程问题，得出有依据的结论。	2.5
专业培养成果3	解决方案的设计/开发	为复杂的工程问题设计解决方案，设计满足特定需求的系统组件或流程，同时适当考虑公众健康和安全以及文化、社会和环境因素。	2.6
专业培养成果4	复杂问题研究	使用基于研究的知识和研究方法，包括实验设计，数据分析和解释，以及信息综合，以提供有效的结论。	1.5
专业培养成果5	现代工具使用	创建、选择和应用适当的技术、资源以及现代工程和信息技术工具，包括对复杂工程活动的预测和建模，并了解其局限性。	1.5

续表

专业培养成果代码	专业培养成果标题	专业培养成果说明	2018—2022届学生目标设定值
专业培养成果6	工程师与社会	运用背景知识进行推理，评估社会、健康、安全、法律和文化问题，以及由此产生的与专业工程实践相关的责任。	1.6
专业培养成果7	环境与可持续发展	了解专业工程解决方案在社会和环境方面的影响，并展示可持续发展的知识和需求。	1.7
专业培养成果8	伦理学	掌握道德伦理原则，恪守职业道德、责任和工程实践规范。	2.9
专业培养成果9	个人与团队合作	作为个人、不同团队和多学科环境中的成员或领导者，有效发挥作用。	3
专业培养成果10	交际	就复杂的工程活动与工程界和整个社会进行有效的沟通，如能够理解和撰写有效的报告和设计文件，进行有效的演示，发出和接收明确的指示等。	3
专业培养成果11	项目管理和财务	作为团队成员和领导者，展现对工程和管理原则的认识和理解，并将这些原则应用到自己的工作中，在多学科环境中管理项目。	2.5
专业培养成果12	终身学习	认识到在最广泛的技术变革背景下进行独立学习和终身学习的必要性，并做好准备和具备这种能力。	3

参考文献

[1] 李秉德. 教学论 [M]. 北京 : 高等教育出版社 ,2019.

[2] 胡庆芳. 优化课堂教学 : 方法与实践 [M]. 中国人民大学出版社 ,2014.

[3] 郑金洲. 教学方法应用指导 [M]. 华东师范大学出版社 ,2006.

[4] 朱丽. 如何运用教学方法 [M]. 华东师范大学出版社 ,2014.

[5] 巩建闽. 高校课程体系设计研究 —— 兼论 OBE 课程设计 [M]. 北京 : 高教出版社 ,2017.

[6] 李坤崇. 大学课程发展与学习成效评量 [M]. 台北 : 高等教育文化事业有限公司 ,2011.

[7] Robert W. Mendenhall[M]. "Aligning Student Outcomes, Teaching, and Assessment: Methods, Tools, and Techniques".

[8] Trudy W. Banta and Catherine A. Palomba[M]. "Designing Effective Assessment: Principles and Profiles of Good Practice".

[9] Linda Suskioe[M]."Assessing Student Learning: A Common Sense Guide".

[10] David Royse, Bruce Thyer, and Deborah Padgett[M]."Understanding by Design" by Grant Wiggins and Jay McTighe "Program Evaluation: An Introduction".

[11] Charles W. Beebe and Randy L. Joyner[M]."Teaching and Assessing Skills in Business Education".

[12] Marilee Bresciani Ludvik[M]."Outcomes-Based Academic and Co-Curricular Program Review: A Compilation of Institutional Good Practices".

[13] Deepesh Divaakaran[M]."Outcome Based Education A Practical Guide for

Higher Education Teachers".

[14] 赵炬明，高筱卉. 关注学习效果：建设全校统一的教学质量保障体系——美国"以学生为中心"的本科教学改革研究之五 [J]. 高等工程教育研究，2019 (3): 5-20.

[15] 王晓春. 启发式教学法在大学课堂教学中的应用 [J]. 教育与教学研究，2020 (1): 52-54.

[16] 章丽萍，孔泽，尹依婷. "大数据＋财务"管理会计人才培养与优化路径——基于能力成熟度模型视角分析 [J]. 财会通讯，2020, (23): 158-162.

[17] 张男星，张炼，王新凤，等. 理解OBE：起源、核心与实践边界——兼议专业教育的范式转变 [J]. 高等工程教育研究，2020, (03): 109-115.

[18] 张庆君. 高校复合型人才培养变革：逻辑、实践与反思 [J]. 现代教育管理，2020, (04): 47-53.

[19] 金元宝，周煌，肖娜，等. 基于OBE成果导向教育理念的食品营养与检测专业人才培养模式研究 [J]. 教育教学论坛，2020, (14): 290-291.

[20] 张海生. 我国高校人工智能人才培养：问题与策略 [J]. 高校教育管理，2020, 14 (02): 37-43、96.

[21] 王菠. 成果导向学前教育专业教育实习课程设计研究 [D]. 东北师范大学, 2019.

[22] 陈玲，陶好飞，谢明昊. 论第二课堂在人才培养过程中的作用——以高校一二课堂学习联动为中心 [J]. 北京师范大学学报 (社会科学版), 2019, (05): 13-23.

[23] 范圣法，黄婕，张先梅，等. 基于"产出导向（OBE）"理念的本科教学培养体系探究 [J]. 教育理论与实践, 2019, 39 (24): 6-8.

[24] 马佳，汪宏友. 成果导向教育(OBE)理论研究文献综述 [J]. 创新创业理论研究与实践, 2019, 2 (16): 88-89.

[25] 马佳. 基于成果导向教育(OBE)的高校人才培养模式分析 [J]. 智库时代, 2019, (36): 99-100.

[26] 杜珍妮，惠兆阳. 基于成果导向教育理念的高校商务英语专业复合应用

型创新人才培养体系的构建——以哈尔滨理工大学荣成学院为例 [J]. 海外英语, 2019, (10): 143-144.

[27] 王新凤, 钟秉林. 新高考背景下高校招生与人才培养的成效、困境及应对 [J]. 中国高教研究, 2019, (05): 49-53、57.

[28] 张男星. 以 OBE 理念推进高校专业教育质量提升 [J]. 大学教育科学, 2019, (02): 11-13、122.

[29] 王显清. 基于 OBE 的地方工科院校人才培养模式研究 [D]. 哈尔滨理工大学, 2019.

[30] 袁靖宇. 高校人才培养方案修订的若干问题 [J]. 中国高教研究, 2019, (02): 6-9.

[31] 刘畅, 林海. 以 OBE 理念探索一流本科建设的实现路径 [J]. 教育评论, 2018, (08): 33-36.

[32] 周洪波, 周平, 黄贤立. OBE 理念下应用型本科人才培养方案的构建 [J]. 高教学刊, 2018, (10): 76-78.

[33] 刘衍聪, 李军. 基于 OBE 理念的应用技术型人才培养方案的设计 [J]. 中国职业技术教育, 2018, (14): 72-76、96.

[34] 亓海峰, 邵滨. 高校汉语国际教育专业硕士人才培养的问题与思考 [J]. 辽宁师范大学学报 (社会科学版), 2018, 41 (04): 38-43.

[35] 苏芃, 李曼丽. 基于 OBE 理念, 构建通识教育课程教学与评估体系——以清华大学为例 [J]. 高等工程教育研究, 2018, (02): 129-135.

[36] 周洪波, 周平. 基于 OBE 理念的高校教学模式改革研究 [J]. 中国成人教育, 2018, (04): 92-94.

[37] 齐书宇, 李国香.《华盛顿协议》毕业生素质规定及其对地方高校工程人才培养的启示 [J]. 高校教育管理, 2018, 12 (01): 48-53.

[38] 费翔. 新工科建设背景下高校工程人才培养刍论 [J]. 教育评论, 2017, (12): 17-22.

[39] 张爽, 张其久. 基于 OBE 成果导向教育理念的机械类工业工程专业人才培养模式研究 [J]. 智库时代, 2017, (17): 149-151.

[40] 丁元生. 基于 OBE 成果导向教育理念的应用化学专业人才培养模式研究 [J]. 吉林化工学院学报, 2017, 34 (12): 12-15.

[41] 龙奋杰, 王建平, 邵芳. 新建本科院校推行成果导向工程教育模式的探索与实践 [J]. 高等工程教育研究, 2017, (06): 76-80.

[42] 刘君. "互联网+"背景下应用型本科高校校企合作人才培养模式 [J]. 实验技术与管理, 2017, 34 (06): 172-176.

[43] 刘锴, 孙燕芳. 基于 OBE 教育理念的高校教师培养研究 [J]. 黑龙江高教研究, 2017, (06): 59-61.

[44] 白光娜. O2O 环境下 OBE 工程人才培养模式研究 [D]. 哈尔滨理工大学, 2017.

[45] 李明海. 媒体融合语境下高校传媒人才培养模式创新研究 [D]. 西南大学, 2017.

[46] 顾佩华, 胡文龙, 陆小华, 等. 从 CDIO 在中国到中国的 CDIO: 发展路径、产生的影响及其原因研究 [J]. 高等工程教育研究, 2017, (01): 24-43.

[47] 李双寿, 李乐飞, 孙宏斌, 等. "三位一体、三创融合"的高校创新创业训练体系构建 [J]. 清华大学教育研究, 2017, 38 (02): 111-116.

[48] 吕帅, 朱泓, 赵磊. 基于成果导向理念的教育改革实践与探索——以英国邓迪大学为例 [J]. 重庆高教研究, 2017, 5 (02): 101-106.

[49] 柏晶, 谢幼如, 李伟, 等. "互联网+"时代基于 OBE 理念的在线开放课程资源结构模型研究 [J]. 中国电化教育, 2017, (01): 64-70.

[50] 胡剑锋, 程样国. 基于 OBE 的民办本科高校大学生创新创业能力评价 [J]. 社会科学家, 2016, (12): 123-127.

[51] 刘贵芹. 深化高校创新创业教育改革进一步提高人才培养质量 [J]. 中国高等教育, 2016, (21): 5-7.

[52] 周春月, 刘颖, 姚东伟, 等. OBE 理念下的本科生毕业实习创新模式研究 [J]. 实验技术与管理, 2016, 33 (10): 19-22.

[53] 王琼. 新形势下高校跨境电商人才培养路径研究 [J]. 温州大学学报 (社会科学版), 2016, 29 (05): 93-98.

[54] 覃晶晶. 基于OBE成果导向教育理念的给排水专业人才培养模式研究[J]. 教育教学论坛, 2016, (34): 157-158.

[55] 王芳. 基于供给侧改革的高校应用型人才培养[J]. 江苏高教, 2016, (05): 103-106.

[56] 凤权. OBE教育模式下应用型人才培养的研究[J]. 安徽工程大学学报, 2016, 31 (03): 81-85、95.

[57] 巩建闽. 实施基于成果教育OBE的原因及策略[J]. 国家教育行政学院学报, 2016, (06): 48-53.

[58] 房三虎, 张永亮, 谢青梅. 协同育人视域下高校应用型人才培养的改革与实践[J]. 实验室研究与探索, 2016, 35 (04): 219-222.

[59] 查先进, 杨海娟. 大数据背景下信息管理专业人才培养模式改革创新影响因素研究——以湖北高校为例[J]. 图书情报知识, 2016, (02): 21-29.

[60] 薛玉香, 王占仁. 地方高校应用型人才培养特色研究[J]. 高等工程教育研究, 2016, (01): 149-153.

[61] 刘荣, 万丽丽, 袁芳. OBE理论视角下高校课程学习评价研究[J]. 中国轻工教育, 2016, (01): 15-17.

[62] 张立巍. 基于OBE理念的高校经管学科实践课程体系优化的研究[J]. 中国成人教育, 2016, (03): 106-109.

[63] 杨毅刚, 孟斌, 王伟楠. 基于OBE模式的技术创新能力培养[J]. 高等工程教育研究, 2015, (06): 24-30.

[64] 陈晓倩, 戴光麟. 论高校大学生综合素质评价体系的构建——从OBE工程教育模式的视角[J]. 浙江工业大学学报(社会科学版), 2015, 14 (04): 464-467.

[65] 钟秉林. 互联网教学与高校人才培养[J]. 中国大学教学, 2015, (09): 4-8.

[66] 文君, 蒋先玲. 用系统思维创新高校"一带一路"国际化人才培养路径[J]. 国际商务(对外经济贸易大学学报), 2015, (05): 153-160.

[67] 李国毅, 王为一. 对地方高校应用型人才培养模式优化的思考[J]. 教育探索, 2015, (06): 67-71.

[68] 米银俊, 许泽浩. 协同育人推进地方高校创新创业人才培养[J]. 中国高

等教育, 2015, (11): 30-32.

[69] 孔苏. 地方本科高校转型发展背景下应用型人才培养模式研究 [D]. 广西师范学院, 2015.

[70] 杜刚, 李亚光. "大众创业万众创新" 背景下高校创业人才培养模式研究 [J]. 时代金融, 2015, (14): 174-175.

[71] 海莺. 基于 OBE 模式的地方工科院校课程改革探析 [J]. 当代教育理论与实践, 2015, 7 (04): 37-39.

[72] 姜慧, 殷惠光, 徐孝昶. 高校个性化创新创业人才培养模式研究 [J]. 国家教育行政学院学报, 2015, (03): 27-31.

[73] 张丹宇. 高校旅游管理专业应用型创新人才培养模式 [J]. 学术探索, 2015, (02): 73-77.

[74] 陈桂香. 高校、政府、企业联动耦合的创新创业型人才培养机制形成分析——基于三螺旋理论视角 [J]. 大学教育科学, 2015, (01): 42-47.

[75] 杨晓慧. 我国高校创业教育与创新型人才培养研究 [J]. 中国高教研究, 2015, (01): 39-44.

[76] 张显悦, 郗婷婷. 应用型人才培养高校创新创业教育的实践路径 [J]. 黑龙江高教研究, 2015, (01): 147-149.

[77] 李晓溪. 高校文化创意产业人才培养研究 [D]. 上海大学, 2014.

[78] 刘贵芹. 创新高校人才培养机制的探索与思考 [J]. 中国大学教学, 2014, (10): 4-8.

[79] 戴克林. 高校实验室建设与创新人才培养研究 [J]. 实验技术与管理, 2014, 31 (07): 32-35.

[80] 张志华. 我国高校竞技体育人才培养的理论与实践研究 [D]. 北京体育大学, 2014.

[81] 任友群. "慕课" 下的高校人才培养改革 [J]. 中国高等教育, 2014, (07): 26-30.

[82] 刘碧强. 英国高校创业型人才培养模式及其启示 [J]. 高校教育管理, 2014, 8 (01): 109-115.

[83] 蔡忠兵,罗三桂,郭碧乃.地方高校应用型人才培养方案制订的路径选择[J].中国大学教学,2013,(10):65-67.

[84] 张彩红,许宏山,虞春生,等.创新型人才培养视角下的高校实验室发展路径[J].实验技术与管理,2013,30(07):188-192、197.

[85] 何玉润,李晓慧.我国高校会计人才培养模式研究——基于美国十所高校会计学教育的实地调研[J].会计研究,2013,(04):26-31、95.

[86] 焦健.高校本科应用型人才培养模式研究[D].山西财经大学,2013.

[87] 左健民.产学研合作与高校创新型人才培养[J].教育发展研究,2013,33(01):76-80.

[88] 郑继兵,王绍峰.从人才培养方案透视高校专业建设的困境及出路[J].江苏高教,2013,(01):45-47.

[89] 薛二勇.协同创新与高校创新人才培养政策分析[J].中国高教研究,2012,(12):26-31.

[90] 刘焕阳,韩延伦.地方本科高校应用型人才培养定位及其体系建设[J].教育研究,2012,33(12):67-70、83.

[91] 徐同文,房保俊.应用型:地方高校人才培养的必然选择[J].高等教育研究,2012,33(06):59-65.

[92] 董泽芳.高校人才培养模式的概念界定与要素解析[J].大学教育科学,2012,(03):30-36.

[93] 周光礼.高校人才培养模式创新的深层次探索[J].中国高等教育,2012,(10):23-25.

[94] 王成,王纪鹏.美国高校篮球后备人才培养机制的内容、特征及启示[J].西安体育学院学报,2012,29(03):320-323.

[95] 廖志豪.基于素质模型的高校创新型科技人才培养研究[D].华东师范大学,2012.

[96] 刘一鸣.高校学风建设与大学生人才培养[J].继续教育研究,2011,(12):166-168.

[97] 曹明.应用型本科高校创新创业人才培养模式初探[J].中国大学教学,

2011, (11): 35-36.

[98] 刘伟. 高校创新创业教育人才培养体系构建的思考 [J]. 教育科学, 2011, 27 (05): 64-67.

[99] 苑迅, 郭辉, 秦昌明. 地方高校应用型人才培养与实践教学体系构建的探索与实践 [J]. 实验技术与管理, 2011, 28 (08): 1-4、19.

[100] 李伟铭, 黎春燕. 产学研合作模式下的高校创新人才培养机制研究 [J]. 现代教育管理, 2011, (05): 102-105.

[101] 周德俭, 莫勤德. 地方普通高校应用型人才培养方案改革应注意的问题 [J]. 现代教育管理, 2011, (03): 63-67.

[102] 谢梅, 苗青. 美国高校创新人才培养模式及借鉴——以美国三所高校为例 [J]. 西南民族大学学报 (人文社会科学版), 2011, 32 (03): 217-221.

[103] 宁滨. 行业特色型高校产学联合人才培养模式和机制的思考 [J]. 高等工程教育研究, 2011, (01): 6-10、36.

[104] 刘英, 高广君. 高校人才培养模式的改革及其策略 [J]. 黑龙江高教研究, 2011, (01): 127-129.

[105] 夏人青, 罗志敏. 论高校人才培养框架下的创业教育目标——兼论高校创业教育课程的设置 [J]. 复旦教育论坛, 2010, 8 (06): 56-60.

[106] 朱红. 高校人才培养质量评估新范式——学生发展理论的视角 [J]. 国家教育行政学院学报, 2010, (09): 50-54.

[107] 钱厚斌. 创新人才培养视界的高校课程考试改革 [J]. 黑龙江高教研究, 2010, (09): 145-147.

[108] 孙麒麟, 张建新, 毛丽娟. "校体企三结合"高校高水平竞技体育人才培养模式探析 [J]. 上海体育学院学报, 2010, 34 (04): 65-68.

[109] 沈蓓绯. 荣誉学院: 美国高校本科生"拔尖创新人才"培养模式研究 [J]. 高教探索, 2010, (04): 59-63、91.

[110] 陈希. 将创新创业教育贯穿于高校人才培养全过程 [J]. 中国高等教育, 2010, (12): 4-6.

[111] 李家华, 卢旭东. 把创新创业教育融入高校人才培养体系 [J]. 中国高等

教育, 2010, (12): 9-11.

[112] 眭依凡. 素质教育：高校人才培养体系的重构 [J]. 中国高等教育, 2010, (09): 10-13.

[113] 罗岩. 从大学生就业看高校人才培养模式改革 [J]. 中国高等教育, 2010, (09): 43-44.

[114] 吴绍芬. 高校人才培养模式改革的理性思考 [J]. 大学教育科学, 2010, 2 (02): 31-34.

[115] 谢发忠, 杨彩霞, 马修水. 创新人才培养与高校课程考试改革 [J]. 合肥工业大学学报(社会科学版), 2010, 24 (02): 21-24.

[116] 许青云. 高校创新型人才培养研究 [J]. 国家教育行政学院学报, 2010, (03): 11-14.

[117] 刘明贵. 实践教学在应用型本科高校人才培养中的地位和作用 [J]. 高等农业教育, 2010, (02): 6-9.

[118] 徐辉. 高校创新创业人才培养的评价标准 [J]. 江苏高教, 2009, (06): 107-108.

[119] 秦悦悦. 高校应用型本科人才培养模式研究与实践 [D]. 重庆大学, 2009.

[120] 林健. 高校工程人才培养的定位研究 [J]. 高等工程教育研究, 2009, (05): 11-17、88.

[121] 徐世同, 曾繁丽. 加强高校实验队伍建设促进创新型人才培养 [J]. 实验室研究与探索, 2009, 28 (09): 152-154.

[122] 张建新, 孙麒麟, 毛丽娟. 美德澳高校竞技体育人才培养及其启示 [J]. 体育文化导刊, 2009, (08): 95-98、105.

[123] 章家恩, 骆世明, 秦钟, 等. 我国高校生态学专业建设与人才培养方向探讨 [J]. 应用生态学报, 2009, 20 (07): 1630-1634.

[124] 周文富. 地方高校实验教学模式改革与创新人才培养 [J]. 实验室研究与探索, 2009, 28 (07): 97-102.

[125] 杨清涵. 论高校创新型人才培养的现状及对策 [D]. 四川师范大学,

2009.

[126] 冯皓. 高校专业设置、人才培养与市场需求间的错位研究 [J]. 中国大学教学, 2009, (02): 24-26.

[127] 管天球. 地方高校本科应用型人才培养模式研究与实践 [J]. 中国高等教育, 2008, (Z3): 69-70.

[128] 黄江美. 高校复合型人才培养模式改革的研究 [D]. 广西大学, 2008.

[129] 朱宏. 高校创新人才培养模式的探索与实践 [J]. 高校教育管理, 2008, (03): 6-11.

[130] 成中梅. 学习型高校的人才培养模式研究 [D]. 华中科技大学, 2008.

[131] 瞿振元, 韩晓燕, 韩振海, 等. 高校如何成为拔尖创新人才培养的基地——从年轻院士当年的高等教育经历谈起 [J]. 中国高教研究, 2008, (02): 7-11.

[132] 易红. 高校实验教学与创新人才培养 [J]. 实验室研究与探索, 2008, (02): 1-4.

[133] 裴文英. 高校发展视野中国际化人才培养研究 [J]. 江苏高教, 2007, (06): 79-80.

[134] 江龙华. 论基于创新型人才培养的高校教学模式改革 [J]. 现代大学教育, 2007, (05): 102-105、112.

[135] 李彬. 区域经济与地方高校人才培养定位 [J]. 高等教育研究, 2007, (08): 64-68.

[136] 张培峰, 张玮. 中美高校篮球后备人才培养影响因素的比较 [J]. 成都体育学院学报, 2007, (04): 64-67.

[137] 刘祥清. 我国普通高校英语专业人才培养：回顾、问题与思考——兼论英语专业教育中的人文主义传统 [J]. 外语界, 2007, (03): 2-7、43.

[138] 王秀丽. 我国高校创新人才培养研究 [D]. 东北师范大学, 2007.

[139] 李庆丰, 薛素铎, 蒋毅坚. 高校人才培养定位与产学研合作教育的模式选择 [J]. 中国高教研究, 2007, (02): 70-72.

[140] 刘芳, 杜朝辉. 高校体育教育专业人才培养模式的探索与研究 [J]. 北京体育大学学报, 2006, (12): 1702-1703.

[141] 刘世林.论我国审计人才需求和高校审计人才培养模式[J].审计与经济研究,2006,(05):36-41.

[142] 林伟连,伍醒,许为民.高校人才培养目标定位"同质化"的反思——兼论独立学院人才培养特色[J].中国高教研究,2006,(05):40-42.

[143] 蔡炎斌.高校创新人才培养模式之探索[J].湖南师范大学教育科学学报,2006,(02):79-81、84.

[144] 王培英.试论我国高校导游人才培养存在的问题及其对策[J].北京城市学院学报,2006,(01):94-99.

[145] 刘建国.创新型人才培养与高校考试改革[J].现代大学教育,2006,(02):107-110.

[146] 何军峰,黄红球.高校会计专业人才培养模式创新思考[J].会计之友,2006,(03):52-53.

[147] 安江英,田慧云.我国高校创新型人才培养模式的探索和实践[J].中国电力教育,2006,(01):29-32.

[148] 陈美章.中国高校知识产权教育和人才培养的思考[J].知识产权,2006,(01):3-10.

[149] 孙世明,孙荣辉.CUBA联赛与高校篮球人才培养的分析与思考[J].西安体育学院学报,2005,(03):120-122.

[150] 张晓红.高校复合型人才培养模式的探讨[J].沈阳建筑大学学报(社会科学版),2005,(02):118-120.

[151] 郝德永.社会化定位与适用型人才培养——我国当代教学型高校的出路与作为[J].教育研究,2005,(05):54-57.

[152] 黄春林.基于创新人才培养的高校教学管理体制创新研究[D].湖南大学,2005.

[153] 许征程,安静霞.高校实验教学改革与创新人才培养的关系[J].河北师范大学学报(教育科学版),2005,(01):92-94.

[154] 顾定倩,王雁.对高校特教学科人才培养方向的思考[J].中国特殊教育,2005,(01):3-9.

[155] 孙思哲,李俊辉.新形势下高校体育教育专业人才培养模式改革探讨[J].中国体育科技,2005,(01):18-113.

[156] 李兴业.美英法日高校跨学科教育与人才培养探究[J].现代大学教育,2004,(05):71-75.

[157] 谢维和.对口与适应——高校人才培养与劳动力市场的两种关系模式[J].北京大学教育评论,2004,(04):9-11.

[158] 李亚萍,金佩华.我国高校本科人才培养模式理论研究综述[J].江苏高教,2003,(05):103-105.

[159] 杨毅敏.高校实验教学改革与创新人才培养[J].海南大学学报(自然科学版),2003,(01):87-90.

[160] 唐一科.高校人才培养模式的改革与实践创新[J].中国高教研究,2003,(01):40-42.

[161] 黄杏元,马劲松.高校GIS专业人才培养若干问题的探讨[J].国土资源遥感,2002,(03):5-8.

[162] 何桂强.高校创新型人才培养模式的研究与实践[D].中南大学,2002.

[163] 曾冬梅,黄国勋.高等学校人才培养模式改革要略——从教育的内外部关系规律看高校人才培养模式改革[J].教育与现代化,2002,(02):79-80.

[164] 陈颖川,吉建秋.高校篮球人才培养方式的现状与创新[J].体育学刊,2001,(06):126-128.

[165] 杨杏芳.高校人才培养模式的多样化及其最优化[J].教育与现代化,2000,(03):18-23.

[166] 张冲.高校英语专业英语复合型人才培养对策的思考[J].外语界,1996,(01):6-10.

[167] 王皓磊,尹鹏,江学良.基于OBE教育理念的土木工程人才培养模式构建与实施——以中南林业科技大学土木工程专业为例[J].大学教育,2023,(12):27-30.

[168] 周旭丹,郝晨瑶,王薇,等.基于OBE理念下高校应用型人才培养体系建设[J].现代园艺,2023,46(07):185-188.

[169] 周肖舒, 霍楷. OBE 理念下高校艺术设计专业创新创业人才培养模式研究与探索 [J]. 创新创业理论研究与实践, 2023, 6 (06): 1-6.

[170] 陈婧. 论基于混合式教学的高校创新人才培养模式 [J]. 中国人民大学教育学刊, 2022, (01): 87-98.

[171] 田腾飞, 刘任露. OBE 认证理念下师范类专业的课程建设 [J]. 华南师范大学学报 (社会科学版), 2022, (01): 41-52、205.

[172] 钱凯, 李治. 基于 OBE 理念土木类高校教学质量提升路径探究 [J]. 中国多媒体与网络教学学报 (上旬刊), 2022, (01): 125-128.

[173] 党丽赟, 薛飞, 胡继勇, 等. 基于 OBE 理念的应用型课程开发与建设 ——以《材料化学》课程为例 [J]. 山东化工, 2021, 50 (24): 219-220、225.

[174] 沈黎勇, 齐书宇, 费兰兰. 高校产教融合背景下人才培育困境化解：基于 MIT 工程人才培养模式研究 [J]. 高等工程教育研究, 2021, (06): 146-151.

[175] 赵怡然. 成果导向教育在高校语文教学中的比较研究 [J]. 文化产业, 2021, (28): 29-31.

[176] 胡建平, 张永瑞, 吴兰. 基于成果导向教育（OBE）理念的数字媒体应用技术专业人才培养模式 [J]. 办公自动化, 2021, 26 (12): 14-15、11.

[177] 胡凡迪. 基于 OBE 理念的项目式学习教学模式设计与应用研究 [D]. 辽宁师范大学, 2021.

[178] 房英杰, 宋文利, 张萍, 等. 基于 OBE 教育理念下的高校体育教育专业人才培养路径优化研究 [J]. 冰雪运动, 2021, 43 (03): 58-63.

[179] 成宝芝, 徐权, 张国发. 产教深度融合的产业学院人才培养机制探究 [J]. 中国高校科技, 2021, (Z1): 98-102.

[180] 胡婷鹿, 李慧. "成果导向" 教育理念下高校经管类应用型人才培养模式探索 [J]. 质量与市场, 2020, (24): 149-150.

[181] 孙水英. 成果导向教育 (OBE) 理念下高职院校护理专业人才培养研究 ——以山东中医药高等专科学校为例 [J]. 中国培训, 2020, (11): 65-66.

附　录

附录一：高校在读大学生和毕业生对本大学专业培养方案、教学大纲、课上内容的调查问卷

尊敬的 **[大学名称] 学生和校友：

您好！我们是 **[大学名称] 的 **[院系名称]。为了解学生对专业培养方案、教学大纲和课上内容的满意度，以便改进教学工作，提高人才培养质量，我们进行一项问卷调查。您的意见和建议对我们非常重要，请您认真填写以下问卷。

一、基本信息

1. 姓名：

2. 性别：

3. 学号 / 毕业证号：

4. 所在年级 / 毕业年份：

5. 专业：

6. 联系方式：

二、专业培养方案调查

在读学生

1.请您对本专业培养方案的以下方面进行评价（1～5分，5分代表非常满意）：

- 课程设置：
    - 课程体系的完整性和逻辑性
    - 课程内容的与时俱进性
    - 课程难度的合理性

- ○ 课程与专业发展需求的匹配度
- ○ 选修课程的丰富度和多样性
- 实践教学：
  - ○ 实践教学环节的设置合理性
  - ○ 实践教学内容与专业需求的匹配度
  - ○ 实践教学的组织和管理
  - ○ 实践教学的效果和评价
- 毕业要求：
  - ○ 毕业要求的清晰度和可操作性
  - ○ 毕业要求与人才培养目标的匹配度
  - ○ 毕业要求与社会需求的匹配度
- 培养目标的清晰度：
  - ○ 专业培养目标的明确性和可实现性
  - ○ 专业培养目标与社会需求的匹配度
- 其他：

2.您认为本专业培养方案的哪些方面需要改进？

- 课程设置方面：
  - ○ 建议增加或调整哪些课程？
  - ○ 如何提高课程的与时俱进性？
  - ○ 如何优化课程难度？
- 实践教学方面：
  - ○ 建议增加或调整哪些实践教学环节？
  - ○ 如何提高实践教学的质量？
  - ○ 如何加强实践教学与专业需求的匹配度？
- 毕业要求方面：
  - ○ 建议如何完善毕业要求？
  - ○ 如何加强毕业要求与社会需求的匹配度？
- 其他：

3. 您对本专业培养方案的未来发展有何建议？
- 如何加强专业培养方案的动态调整？
- 如何提高专业培养方案的国际化水平？
- 如何加强专业培养方案与行业需求的对接？

毕业生

4. 请您对本专业培养方案在帮助您获得以下方面能力的程度上进行评价（1～5分，5分代表非常有帮助）：
- 知识和技能：
    - 专业理论知识的掌握程度
    - 专业实践技能的熟练程度
    - 创新能力和科研能力
    - 知识应用能力和解决问题能力
- 思维能力和批判性思维：
    - 独立思考和分析问题的能力
    - 批判性思维和逻辑推理能力
    - 问题解决能力和创新思维能力
- 团队合作和沟通能力：
    - 团队合作精神和协作能力
    - 沟通表达能力和人际交往能力
    - 领导能力和组织能力
- 领导能力和组织能力：
    - 领导团队和组织活动的能力
    - 决策能力和责任感
    - 时间管理能力和统筹协调能力
- 创新精神和创业能力：
    - 创新意识和创造性思维
    - 创业精神和风险意识
    - 独立创业和就业的能力

- 社会责任感和公民意识：
    - 社会责任感和公民意识
    - 法律意识和道德素养
    - 国际视野和跨文化交流能力
- 职业适应能力：
    - 职业规划能力和就业竞争力
    - 职业适应能力和终身学习能力

5. 您认为本专业培养方案在哪些方面帮助了您取得目前的职业成就？

6. 您在大学期间获得的哪些知识、技能或经验对您目前的工作最有帮助？

7. 您对母校的专业培养方案发展有何建议？

三、教学大纲调查

在读学生

1. 请您对本专业教学大纲的以下方面进行评价（1～5分，5分代表非常满意）：

- 课程目标的清晰度：
    - 课程目标的明确性和可达成性
    - 课程目标与专业培养目标的匹配度
- 课程内容的科学性和完整性：
    - 课程内容的体系性和逻辑性
    - 课程内容的与时俱进性
    - 课程内容与专业需求的匹配度
- 教学方法的多样性和有效性：
    - 教学方法的灵活性和适用性
    - 教学方法与课程内容的匹配度
    - 教学方法与学生学习特点的匹配度
- 考核方式的合理性和有效性：
    - 考核方式的多样性和灵活性
    - 考核方式与课程目标的匹配度
    - 考核方式与学生学习效果的评价

- 其他：

2. 您认为本专业教学大纲的哪些方面需要改进？

- 课程目标方面：
    - 如何提高课程目标的明确性和可达成性？
    - 如何加强课程目标与专业培养目标的匹配度？
- 课程内容方面：
    - 如何更新课程内容，使其与时俱进？
    - 如何提高课程内容与专业需求的匹配度？
- 教学方法方面：
    - 如何采用更加多样化和有效性的教学方法？
    - 如何提高教学方法与课程内容的匹配度？
    - 如何提高教学方法与学生学习特点的匹配度？
- 考核方式方面：
    - 如何采用更加合理有效性的考核方式？
    - 如何加强考核方式与课程目标的匹配度？
    - 如何加强考核方式与学生学习效果的评价？
- 其他：

3. 您对本专业教学大纲的未来发展有何建议？

- 如何加强教学大纲的动态调整？
- 如何提高教学大纲的国际化水平？
- 如何加强教学大纲与行业需求的对接？

毕业生

4. 请您对本专业教学大纲在帮助您获得以下方面能力的程度上进行评价（1～5分，5分代表非常有帮助）：

- 知识和技能：
    - 专业理论知识的掌握程度
    - 专业实践技能的熟练程度
    - 创新能力和科研能力

- ○ 知识应用能力和解决问题能力
- 思维能力和批判性思维：
  - ○ 独立思考和分析问题的能力
  - ○ 批判性思维和逻辑推理能力
  - ○ 问题解决能力和创新思维能力
- 团队合作和沟通能力：
  - ○ 团队合作精神和协作能力
  - ○ 沟通表达能力和人际交往能力
  - ○ 领导能力和组织能力
- 领导能力和组织能力：
  - ○ 领导团队和组织活动的能力
  - ○ 决策能力和责任感
  - ○ 时间管理能力和统筹协调能力
- 创新精神和创业能力：
  - ○ 创新意识和创造性思维
  - ○ 创业精神和风险意识
  - ○ 独立创业和就业的能力
- 社会责任感和公民意识：
  - ○ 社会责任感和公民意识
  - ○ 法律意识和道德素养
  - ○ 国际视野和跨文化交流能力
- 职业适应能力：
  - ○ 职业规划能力和就业竞争力
  - ○ 职业适应能力和终身学习能力

5. 您认为本专业教学大纲在哪些方面帮助了您取得目前的职业成就？

6. 您在大学期间获得的哪些知识、技能或经验对您目前的工作最有帮助？

7. 您对母校的专业培养方案和教学大纲发展有何建议？

四、上课情况调查

在读学生

1. 请您对本专业上课情况的以下方面进行评价（1～5分，5分代表非常满意）：

- 教师的教学水平：
    - 教师的专业知识和教学经验
    - 教师的教学方法和技巧
    - 教师的表达能力和沟通能力
    - 教师的责任心和态度
- 课程内容的难易程度：
    - 课程内容与学生知识基础的匹配度
    - 课程难度的合理性
    - 课程内容与实际应用的联系
- 课堂氛围：
    - 课堂气氛的活跃度
    - 师生互动情况
    - 学生的学习积极性
- 教学资源：
    - 教材和其他教学资料的完整性和更新性
    - 教学设备和设施的先进性和实用性
- 其他：

2. 您认为本专业上课情况的哪些方面需要改进？

- 教师教学水平方面：
    - 如何提高教师的教学水平和教学技巧？
    - 如何加强教师的责任心和职业素养？
- 课程内容方面：
    - 如何优化课程内容，使其更贴合学生实际？
    - 如何提高课程内容的趣味性和吸引力？

- 课堂氛围方面：
    - 如何营造更加活跃的课堂氛围？
    - 如何鼓励学生积极参与课堂讨论？
- 教学资源方面：
    - 如何更新教学资料，使其与时俱进？
    - 如何改善教学设施和设备？
- 其他：

3. 您对本专业上课情况的未来发展有何建议？

- 如何加强教学质量监控？
- 如何提高教学的数字化水平？
- 如何加强教学的国际化水平？

毕业生

4. 请您对本专业上课情况在帮助您获得以下方面能力的程度上进行评价（1～5分，5分代表非常有帮助）：

- 知识和技能：
    - 专业理论知识的掌握程度
    - 专业实践技能的熟练程度
    - 创新能力和科研能力
    - 知识应用能力和解决问题能力
- 思维能力和批判性思维：
    - 独立思考和分析问题的能力
    - 批判性思维和逻辑推理能力
    - 问题解决能力和创新思维能力
- 团队合作和沟通能力：
    - 团队合作精神和协作能力
    - 沟通表达能力和人际交往能力
    - 领导能力和组织能力

- 领导能力和组织能力：
  - 领导团队和组织活动的能力
  - 决策能力和责任感
  - 时间管理能力和统筹协调能力
- 创新精神和创业能力：
  - 创新意识和创造性思维
  - 创业精神和风险意识
  - 独立创业和就业的能力
- 社会责任感和公民意识：
  - 社会责任感和公民意识
  - 法律意识和道德素养
  - 国际视野和跨文化交流能力
- 职业适应能力：
  - 职业规划能力和就业竞争力
  - 职业适应能力和终身学习能力

5. 您认为本专业上课情况在哪些方面帮助了您取得目前的职业成就？

6. 您在大学期间获得的哪些知识、技能或经验对您目前的工作最有帮助？

7. 您对母校的专业培养方案、教学大纲和上课情况发展有何建议？

五、其他意见和建议

如果您对母校的专业培养方案、教学大纲和上课情况有任何意见和建议，请您在此处提出。

感谢您认真填写本问卷！

此致

敬礼！

[大学名称] [院系名称]

年　月　日

附录二：高校毕业生所在大学就业指导工作的满意度以及专业培养匹配度的调查问卷

尊敬的校友：

您好！我们是 **[大学名称] 的 **[院系名称]。为了解毕业生对学校就业指导工作的满意度以及专业培养匹配度的意见和建议，以便改进工作，提高人才培养质量，我们进行一项问卷调查。您的意见和建议对我们非常重要，请您认真填写以下问卷。

一、基本信息

1. 姓名：
2. 性别：
3. 毕业院校：
4. 毕业专业：
5. 毕业时间：
6. 联系方式：

二、学校就业指导工作满意度调查

请您根据您的实际情况，对以下问题进行评价，并选择相应的选项。

1. 您对学校就业指导工作的总体满意度如何？

- 非常满意
- 满意
- 一般
- 不满意
- 非常不满意

2. 请您对学校就业指导工作的以下方面进行评价（1～5 分，5 分代表非常满意）：

- 就业信息发布的及时性和准确性
- 就业指导课程的内容和实用性
- 就业指导老师的专业水平和服务态度
- 学校提供的就业实习和实践机会
- 学校与企事业单位的合作情况

- 针对不同群体（如毕业生类型、专业类别、就业意向等）的个性化就业指导服务
- 学校提供的就业创业政策和服务
- 校友服务和就业信息反馈机制

3. 您认为学校就业指导工作哪些方面需要改进？
- 针对不同群体（如毕业生类型、专业类别、就业意向等）的个性化就业指导服务
- 就业指导与专业培养的衔接
- 就业指导服务的国际化水平
- 提升就业指导老师的专业能力和服务水平
- 加强与企事业单位的合作
- 改善就业信息发布平台
- 丰富就业实践和实习机会

4. 您对学校就业指导工作未来发展有何建议？
- 加强就业指导工作的顶层设计和统筹规划
- 建立健全就业指导工作体系
- 加强就业指导队伍建设
- 提高就业指导工作的数字化水平
- 加强就业指导工作的国际化水平
- 加强对毕业生的跟踪调查和反馈

三、专业培养与工作匹配度调查

1. 请您对本专业培养方案在帮助您获得以下方面能力的程度上进行评价（1~5分，5分代表非常有帮助）：
- 专业理论知识
  - 对专业核心概念、原理和方法的理解和掌握程度
  - 对专业相关领域知识的广度和深度
  - 将理论知识应用于实践的能力
  - 专业理论知识在您目前工作中的应用程度

- 专业实践技能
    - 运用专业知识和技能解决实际问题的能力
    - 实验、操作、技能等实践能力
    - 创新能力和创造性思维
    - 专业实践技能在您目前工作中的应用程度
- 职业适应能力
    - 职业规划能力和就业竞争力
    - 适应新技术和新知识的能力
    - 终身学习能力
    - 职业适应能力在您目前工作中的体现
- 知识应用能力和解决问题能力
    - 运用所学知识分析问题和解决问题的能力
    - 独立思考和批判性思维的能力
    - 沟通表达能力和人际交往能力
    - 知识应用能力和解决问题能力在您目前工作中的体现
- 团队合作和沟通能力
    - 团队合作精神和协作能力
    - 沟通表达能力和人际交往能力
    - 领导能力和组织能力
    - 团队合作和沟通能力在您目前工作中的体现
- 其他：请您列举其他您认为重要的能力，并对其在您目前工作中的应用程度进行评价。

2. 您认为您的专业培养方案哪些方面与您的工作岗位需求不匹配？

- 课程设置
    - 课程内容的更新频率和与时俱进性
    - 课程设置的合理性和逻辑性
    - 选修课程的丰富度和多样性
    - 课程设置与您目前工作内容的匹配度

- 理论教学与实践教学
  - 实践教学环节的设置合理性
  - 实践教学内容与专业需求的匹配度
  - 实践教学的组织和管理
  - 实践教学的效果和评价
  - 理论教学与实践教学的比例是否合理
- 师资力量和教学水平
  - 教师的专业知识和教学经验
  - 教师的教学方法和技巧
  - 教师的表达能力和沟通能力
  - 教师的责任心和态度
  - 师资力量是否满足专业培养需求
- 实习实践
  - 实习实践机会的数量和质量
  - 实习实践单位的选择和管理
  - 实习实践的指导和评价
  - 实习实践的收获与工作岗位需求的匹配度
- 毕业要求
  - 毕业要求的清晰度和可操作性
  - 毕业要求与人才培养目标的匹配度
  - 毕业要求与社会需求的匹配度
  - 毕业要求是否能够满足您的工作需求
- 专业培养方案的动态调整机制
  - 专业培养方案的修订频率和程序
  - 专业培养方案的修订依据和方法
  - 专业培养方案修订的专家参与和意见反馈
  - 专业培养方案的动态调整机制是否有效

- 国际化
    - 引进国际先进的教学理念和课程内容
    - 加强与国外高校的合作与交流
    - 培养学生的国际视野和跨文化交流能力
    - 专业培养方案的国际化程度

3. 您在大学期间获得的哪些知识、技能或经验对您目前的工作最有帮助？

- 专业理论知识
- 专业实践技能
- 职业素养和职业技能
- 综合能力和软实力
- 其他：

4. 您对母校的专业培养方案发展有何建议？

- 加强专业培养方案的顶层设计和统筹规划
- 建立健全专业培养方案的评价体系
- 加强专业培养方案的动态调整机制
- 加强专业培养方案的国际化
- 加强对毕业生的跟踪调查和反馈

感谢您认真填写本问卷！

此致

敬礼！

[大学名称] [院系名称]

年　月　日

附录三：高校大学生毕业后信息调查问卷

尊敬的校友：

您好！我们是 **[大学名称] 的 **[院系名称]。为了解毕业生毕业后的就业情况、社会适应能力和对母校的建议，我们进行一项问卷调查。您的意见和建议对我们非常重要，请您认真填写以下问卷。

一、基本信息

1. 姓名：
2. 性别：
3. 毕业院校：
4. 毕业专业：
5. 毕业时间：
6. 联系方式：

二、就业情况调查

请您根据您的实际情况，对以下问题进行选择或填写。

1. 您目前的就业状态是？
    - 在职
    - 待业
    - 考研
    - 出国
    - 其他：

2. 如果您目前在职，请您选择您的工作类型？
    - 国企
    - 外企
    - 民营企业
    - 事业单位
    - 机关单位
    - 自由职业
    - 其他：

3. 如果您目前在职，请您选择您的工作行业？
   - IT 互联网
   - 金融
   - 教育
   - 制造业
   - 医疗健康
   - 房地产
   - 其他：

4. 您对目前的工作满意度如何？
   - 非常满意
   - 满意
   - 一般
   - 不满意
   - 非常不满意

5. 您认为目前工作与您所学专业相关度如何？
   - 非常相关
   - 相关
   - 一般
   - 不相关
   - 非常不相关

三、社会适应能力调查

请您根据您的实际情况，对以下问题进行评价（1～5分，5分代表非常满意）。

1. 您对目前的生活状态满意度如何？
2. 您与同事、朋友和家人的相处是否融洽？
3. 您能否较快地适应新的环境和工作节奏？
4. 您能否有效地处理工作和生活中的压力？
5. 您能否保持终身学习的能力，不断提升自身技能？

四、对母校的建议

请您对母校的教学、管理、服务等方面提出您的宝贵意见和建议。

以下是一些建议问题，您可以参考：

- 您认为母校的专业培养方案在帮助您获得工作所需能力方面有哪些不足？
- 您认为母校应该采取哪些措施提高毕业生的就业竞争力？
- 您认为母校应该如何加强毕业生与学校的联系，更好地为毕业生服务？

我们期待您的建议！

感谢您认真填写本问卷！

此致

敬礼！

[大学名称] [院系名称]

年　月　日

附录四：高校毕业生对大学满意度和毕业后去向的调查问卷

尊敬的校友：

您好！我们是 **[大学名称] 的]**[院系名称。为了解毕业生对母校的满意度以及毕业后的去向，以便改进教学工作，提高人才培养质量，我们进行一项问卷调查。您的意见和建议对我们非常重要，请您认真填写以下问卷。

一、基本信息

1. 姓名：
2. 性别：
3. 毕业院校：
4. 毕业专业：
5. 毕业时间：
6. 联系方式：

二、大学满意度调查

请您根据您的实际情况，对以下问题进行评价，并选择相应的选项。

1. 您对大学的总体满意度如何？
   - 非常满意
   - 满意
   - 一般
   - 不满意
   - 非常不满意

请您具体说明您对大学总体满意度的原因：

2. 您对大学的教学质量如何评价？
   - 非常好
   - 好
   - 一般
   - 差
   - 非常差

请您具体说明您对大学教学质量的评价原因：

3. 您对大学的师资力量如何评价？
   - 非常好
   - 好
   - 一般
   - 差
   - 非常差

请您具体说明您对大学师资力量的评价原因：

4. 您对大学的校园环境如何评价？
   - 非常好
   - 好
   - 一般
   - 差
   - 非常差

请您具体说明您对大学校园环境的评价原因：

5. 您对大学的学生活动如何评价？
   - 非常好
   - 好
   - 一般
   - 差
   - 非常差

请您具体说明您对大学学生活动的评价原因：

6. 您认为大学教育在哪些方面帮助了您？（多选）
- 知识和技能的学习
- 思维能力和批判性思维的培养
- 团队合作和沟通能力的提升
- 领导能力和组织能力的培养

- 创新精神和创业能力的培养
- 社会责任感和公民意识的培养
- 其他

7. 大学教育在哪些方面还可以改进？（多选）
- 课程设置和教学方法
- 师资力量和教学水平
- 校园环境和设施
- 学生活动和学生服务
- 其他

三、毕业后去向调查

1. 您毕业后的去向是？
- 升学
- 就业
- 其他

2. 如果您选择升学，请问您升入哪所院校？

3. 如果您选择就业，请问您目前的职业是什么？

4. 您对目前的工作满意度如何？
- 非常满意
- 满意
- 一般
- 不满意
- 非常不满意

请您具体说明您对目前工作满意度的原因：

5. 您认为大学教育对您目前的工作有何帮助？

6. 您在大学期间获得的哪些知识、技能或经验对您目前的工作最有帮助？

7. 您对母校的未来发展有什么建议？

四、其他意见和建议

如果您对母校有任何意见和建议，请您在此处提出。

感谢您认真填写本问卷!

此致

敬礼!

[大学名称] [院系名称]

年　月　日

附录五：高校人才培养目标调查问卷（高校）

尊敬的老师（同学，校友）：

您好！我们是 **[大学名称] 的 **[院系名称]。为了解我校教师对人才培养愿景与使命的理解和认识，以及对人才培养工作的意见和建议，我们进行一项问卷调查。您的意见和建议对我们非常重要，请您认真填写以下问卷。

一、基本信息

1. 姓名：
2. 性别：
3. 职称（学号）：
4. 所在院系（专业）：
5. 联系方式：

二、对人才培养愿景与使命的理解

校级层面：

1. 您认为我校人才培养的愿景是什么？
2. 您认为我校人才培养的使命是什么？
3. 请您简要阐述您对我校人才培养愿景与使命的理解。
4. 您认为我校人才培养的愿景与使命是否明确？
5. 您认为我校人才培养的愿景与使命是否符合国家和社会发展需求？
6. 您认为我校人才培养的愿景与使命是否符合我校的学科专业特色？

分院、系、部层面：

7. 您认为我院人才培养的愿景是什么？
8. 您认为我院人才培养的使命是什么？
9. 请您简要阐述您对人才培养愿景与使命的理解。
10. 您认为我院人才培养的愿景与使命是否明确？
11. 您认为我院人才培养的愿景与使命是否符合国家和社会发展需求？
12. 您认为我院人才培养的愿景与使命是否符合我院的学科专业特色？

三、对人才培养目标的评价

校级层面：

1. 您认为我校人才培养目标是否清晰？
2. 请您列举我校人才培养目标的主要内容。
3. 您认为我校人才培养目标是否符合社会需求？
4. 您认为我校人才培养目标是否与我校的学科专业特色相匹配？
5. 您认为我校人才培养目标是否能够培养出适应未来发展需求的人才？

分院、系、部层面：

6. 您认为我院人才培养目标是否清晰？
7. 请您列举我院人才培养目标的主要内容。
8. 您认为我院人才培养目标是否符合社会需求？
9. 您认为我院人才培养目标是否与我院的学科专业特色相匹配？
10. 您认为我院人才培养目标是否能够培养出适应未来发展需求的人才？

四、对人才培养过程的建议

校级层面：

1. 您认为我校在人才培养过程中存在哪些问题？
2. 请您针对您认为存在的问题提出具体的解决方案。
3. 您认为我校应该采取哪些措施提高人才培养质量？
4. 您认为我校应该如何加强师资队伍建设，提高教师的教学水平和科研能力？
5. 您认为我校应该如何深化教学改革，提高教学质量？
6. 您认为我校应该如何加强学科建设，提升学科实力？

分院、系、部层面：

7. 您认为我院在人才培养过程中存在哪些问题？
8. 请您针对您认为存在的问题提出具体的解决方案。
9. 您认为我院应该采取哪些措施提高人才培养质量？
10. 您认为我院应该如何加强师资队伍建设，提高教师的教学水平和科研能力？

11. 您认为我院应该如何深化教学改革，提高教学质量？

12. 您认为我院应该如何加强学科建设，提升学科实力？

五、对毕业生就业指导和服务的建议

校级层面：

1. 您认为我校毕业生就业状况如何？

2. 您认为我校应该采取哪些措施加强毕业生就业指导和服务？

3. 您认为我校应该如何加强与企事业单位的合作，为社会输送高素质人才？

分院、系、部层面：

4. 您认为我院毕业生就业状况如何？

5. 您认为我院应该采取哪些措施加强毕业生就业指导和服务？

6. 您认为我院应该如何加强与企事业单位的合作，为社会输送高素质人才？

六、其他建议

请您对人才培养工作提出其他意见和建议。

感谢您认真填写本问卷！

以下是一些建议问题，您可以选择回答：

校级层面：

- 您认为我校人才培养的愿景与使命应该如何进一步明确？
- 您认为我校应该如何制定更加科学的人才培养目标？
- 您认为我校应该如何加强人才培养过程中的实践教学？
- 您认为我校应该如何加强毕业生就业指导和服务？
- 您认为我校应该如何加强与企事业单位的合作，为社会输送高素质人才？
- 您认为我校还可以采取哪些措施提高人才培养质量？

分院、系、部层面：

- 您认为我院人才培养的愿景与使命应该如何进一步明确？
- 您认为我院应该如何制定更加科学的人才培养目标？
- 您认为我院应该如何加强人才培养过程中的实践教学？
- 您认为我院应该如何加强毕业生就业指导和服务？
- 您认为我院应该如何加强与企事业单位的合作，为社会输送高素质人才？

- 您认为我院还可以采取哪些措施提高人才培养质量？

我们期待您的建议！

本问卷旨在收集我校教师（同学、校友）对我校人才培养工作的意见和建议，以进一步完善人才培养体系，提高人才培养质量。

感谢您的参与！

附录六：高校人才培养目标调查问卷（社会）

尊敬的 [受访者称呼]：

您好！我们是 **[大学名称] 的 [院系名称]。为了解 [大学名称] 人才培养与社会需求的匹配度，以及 **[大学名称] 人才培养工作的改进方向，我们进行一项问卷调查。您的意见和建议对我们非常重要，请您认真填写以下问卷。

一、基本信息

1. 姓名：
2. 性别：
3. 职称：
4. 所在单位：
5. 联系方式：

二、对人才培养愿景与使命的理解

1. 您认为高校人才培养的愿景是什么？
2. 您认为高校人才培养的使命是什么？
3. 请您简要阐述您对高校人才培养愿景与使命的理解。
4. 您认为高校人才培养的愿景与使命应该如何与国家和社会发展需求相匹配？
5. 您认为高校人才培养的愿景与使命应该如何体现学科专业特色？

三、对 [大学名称] 人才培养的评价

1. 您了解 [大学名称] 的人才培养愿景与使命吗？
2. 您认为 [大学名称] 的人才培养愿景与使命是否明确？
3. 您认为 [大学名称] 的人才培养愿景与使命是否符合国家和社会发展需求？
4. 您认为 [大学名称] 的人才培养目标是否清晰？
5. 您认为 [大学名称] 的毕业生是否具备您所需要的知识、能力和素质？
6. 请您列举 [大学名称] 毕业生在您看来存在的优势和不足。
7. 您认为 [大学名称] 在人才培养过程中存在哪些问题？
8. 请您针对您认为存在的问题提出具体的解决方案。

四、对[大学名称]人才培养工作的建议

1. 您认为[大学名称]应该采取哪些措施提高人才培养质量？

2. 您认为[大学名称]应该如何加强课程设置，提高课程内容的专业性和实践性？

3. 您认为[大学名称]应该如何加强实践教学，提高学生的实践能力和应用能力？

4. 您认为[大学名称]应该如何加强师资队伍建设，提高教师的教学水平和科研能力？

5. 您认为[大学名称]应该如何加强毕业生就业指导和服务？

6. 您认为[大学名称]应该如何加强与企事业单位的合作，为社会输送高素质人才？

7. 您认为[大学名称]还可以采取哪些措施提高人才培养质量？

五、其他建议

请您对**[大学名称]人才培养工作提出其他意见和建议。

感谢您认真填写本问卷！

本问卷旨在收集[受访者群体]对[大学名称]人才培养工作的意见和建议，以进一步完善[大学名称]人才培养体系，提高人才培养质量，更好地满足社会需求。

我们期待您的建议！

为了更好地了解您的意见和建议，我们增加了一些问题，希望您能根据您的实际情况进行回答。

以下是一些问题，您可以参考：

- 您认为高校人才培养应该具备哪些特色？
- 您认为高校应该如何加强对学生的创新能力和创业能力的培养？
- 您认为高校应该如何加强毕业生就业指导和服务，提高毕业生就业竞争力？
- 您认为高校应该如何加强与企事业单位的合作，为社会输送高素质人才？
- 您认为高校还可以采取哪些措施提高人才培养质量？

针对 **[大学名称]，您可以提供以下方面的建议：
- **[大学名称]** 的人才培养目标是否符合您所在行业的需求？
- **[大学名称]** 的毕业生是否具备您所在行业所需的知识、能力和素质？
- **[大学名称]** 应该如何调整人才培养方案，更好地满足您所在行业的需求？
- **[大学名称]** 应该如何加强与您所在行业的合作，促进产学研结合？

我们希望通过您的反馈，进一步完善[大学名称]的人才培养体系，为社会输送更加符合社会需求的高素质人才。

感谢您的参与！

附录七：高校校友工作能力匹配度调查问卷

尊敬的校友：

您好！我们是 **[大学名称] 的 **[院系名称]。为了解我院毕业生毕业后的工作情况，以及对人才培养工作的意见和建议，我们进行一项问卷调查。您的意见和建议对我们非常重要，请您认真填写以下问卷。

一、基本信息

1. 姓名：
2. 性别：
3. 毕业年份：
4. 所在院系：
5. 所学专业：
6. 联系方式：

二、毕业后工作信息

1. 您的现任职务是什么？
2. 您所在的行业是什么？
3. 您所在的公司/单位是什么？
4. 您对目前的工作满意度如何？
5. 请您简要描述您的工作职责和日常工作内容。
6. 您认为目前的工作与您在校学习的专业相关度如何？
7. 您在求职过程中遇到过哪些困难？
8. 您认为我院应该如何加强毕业生就业指导和服务？
9. 您认为我院应该如何加强与企事业单位的合作，为社会输送高素质人才？

三、工作匹配度评价

从知识方面

1. 请您列举并排序目前工作中需要用到的主要知识和技能。
2. 您在校学习的知识在目前的工作中应用程度如何？如果总体排序，这方面排序的名次为第几位？
3. 您认为目前工作中需要哪些知识储备？如果总体排序，这方面排序的名次为第几位？

4. 我院在哪些方面可以加强对学生的知识传授？

5. 您认为我院的课程设置是否与社会需求相匹配？

6. 您认为我院应该如何调整课程设置，提高课程内容的专业性和实践性？

从技能方面

1. 您在校学习的技能在目前的工作中应用程度如何？

2. 您认为目前工作中需要哪些技能？如果总体排序，这方面排序的名次为第几位？

3. 我院在哪些方面可以加强对学生的技能培养？

4. 您认为我院应该如何加强实践教学，提高学生的实践能力和应用能力？

5. 您认为我院应该如何加强对学生创新能力和创业能力的培养？

从社会职业属性方面

1. 您认为目前的工作与您个人职业发展目标的匹配度如何？

2. 您认为目前的工作与您个人价值观和社会责任感的匹配度如何？

3. 我院在哪些方面可以加强对学生的职业发展规划指导？

4. 您认为我院应该如何帮助毕业生更好地进行职业发展规划？

5. 您认为我院应该如何加强对学生职业道德和社会责任感的培养？

四、其他建议

请您对人才培养工作提出其他意见和建议。

感谢您认真填写本问卷！

本问卷旨在收集我院毕业生毕业后的工作信息，以及对人才培养工作的意见和建议，以进一步完善人才培养体系，提高人才培养质量，更好地满足社会需求。

我们期待您的建议！

为了更好地了解您的意见和建议，我们增加了一些问题，希望您能根据您的实际情况进行回答。

以下是一些问题，您可以参考：

- 您在工作中遇到的最大挑战是什么？
- 您认为哪些因素影响了您的职业发展？如果总体排序，这方面排序的名次为第几位？

- 您对母校有什么建议？

此外，为了更深入地了解您的工作情况，我们还增加了一些问题，希望您能根据您的实际情况进行回答。

以下是一些问题，您可以参考：

- 您在工作中每天需要完成哪些主要任务？
- 您在工作中需要与哪些人打交道？
- 您在工作中需要使用哪些软件和工具？
- 您在工作中需要面对哪些挑战和困难？
- 您认为我院应该采取哪些措施帮助毕业生更好地适应工作？

感谢您的参与！

我们希望通过您的反馈，进一步完善[大学名称]的人才培养体系，为社会输送更加符合社会需求的高素质人才。